教材项目规划小组

许 琳　　姜明宝　　王立峰
田小刚　　崔邦焱　　俞晓敏
赵国成　　宋永波　　郭 鹏

教材编写委员会

主　　任：陶黎铭
副主任：陈光磊　吴叔平
成　　员：陈光磊　高顺全　陶黎铭
　　　　　　吴金利　吴叔平　吴中伟

顾　　问：Richard King
　　　　　　Helen Xiaoyan Wu
　　　　　　Robert S. Chen

中国国家对外汉语教学领导小组办公室规划教材
Projet de NOCFL de la République populaire de Chine

Dāngdài Zhōngwén
当代中文
LE CHINOIS CONTEMPORAIN

dì yī cè
第 一 册

jiàoshī shǒucè
教 师 手 册
Manuel du Professeur

Volume I

主　编　　吴中伟
编　者　　吴中伟　吴叔平
　　　　　高顺全　吴金利
翻　译　　徐　朋　Michel Bertaux
译文审订　Hongju Yu
　　　　　Huijun Zhou

北京大学出版社
PEKING UNIVERSITY PRESS

Éditions de l'Université de Pékin

图书在版编目(CIP)数据

当代中文·第一册·教师手册/吴中伟主编.—北京:北京大学出版社,2006.1
ISBN 7-301-08657-1

Ⅰ.当… Ⅱ.吴… Ⅲ.汉语-对外汉语教学-教学参考资料 Ⅳ.H195.4

中国版本图书馆 CIP 数据核字(2005)第 023544 号

书　　　　名:	当代中文·第一册·教师手册
著作责任者:	吴中伟　主编
责 任 编 辑:	欧慧英　沈浦娜
标 准 书 号:	ISBN 7-301-08657-1/H·1412
出 版 发 行:	北京大学出版社
地　　　　址:	北京市海淀区成府路 205 号　100871
网　　　　址:	http://cbs.pku.edu.cn
电 子 信 箱:	zpup@pup.pku.edu.cn
电　　　　话:	邮购部 62752015　发行部 62750672　编辑部 62753334
排　　版　者:	兴盛达激光照排中心　82715400
印　　刷　者:	涿州市星河印刷有限公司
经　　销　者:	新华书店
	787 毫米×1092 毫米　16 开本　12.25 印张　313 千字
	2006 年 1 月第 1 版　2006 年 8 月第 2 次印刷
定　　　　价:	19.00 元

未经许可,不得以任何方式复制或抄袭本书之部分或全部内容。
版权所有,侵权必究　举报电话:010—62752024
　　　　　　　　　　　电子邮箱:fd@pup.pku.edu.cn

目录 mù lù Table des matières

致教师 1
编写说明 2
语法体系述要 1

0. 入门 **Rùmén** Initiation 28
   0.1 29
   0.2 38
   0.3 42
   0.4 47
   0.5 52
   0.6 57
   0.7 62

语音试卷（一） 66
语音试卷（二） 68
语音试卷（一）（教师用卷） 70
语音试卷（二）（教师用卷） 71
汉字试卷（一） 72
汉字试卷（二） 73

第一课　Dì-yī kè　Leçon un ……………………………………… 74
第二课　Dì-èr kè　Leçon deux …………………………………… 81
第三课　Dì-sān kè　Leçon trois …………………………………… 90
第四课　Dì-sì kè　Leçon quatre ………………………………… 98
第五课　Dì-wǔ kè　Leçon cinq …………………………………… 106
第六课　Dì-liù kè　Leçon six ……………………………………… 114
第七课　Dì-qī kè　Leçon sept …………………………………… 122
第八课　Dì-bā kè　Leçon huit …………………………………… 132

附录一　试　卷
汉语读写试卷（A）………………………………………………… 142
汉语听说试卷（A）………………………………………………… 146
汉语读写试卷（B）………………………………………………… 152
汉语听说试卷（B）………………………………………………… 156

附录二　教　案
0. 入门 0.2 教案 …………………………………………………… 162
第一课教案（甲）…………………………………………………… 167
第一课教案（乙）…………………………………………………… 171

致 教 师

您好！感谢您使用本教材！

本《教师手册》详细说明编者的设计意图、教材的整体架构和语法体系，编者关于本教材的教学设想和使用建议，并提供有关参考资料（其中的"教学参考"部分仅供教师参考），以及听力材料书面文本、练习答案、试卷等等。《手册》还提供了两课教案。

教无定法。由于语言学理论和教学法理论背景的差异，以及教师的个人见解和教学风格的不同，对于教材内容和教学安排必然会有不同的理解和处理。根据教学对象和教学总体设计的不同，教学方式、教学要求也必然有所不同。本书有关说明和材料，仅供参考。

本书一定还存在不足、疏漏和错误，欢迎批评、指正。

请您将使用中发现的问题和您的建议告诉我们，以便再版时修改。

谢谢！

编 者

编写说明

本教材旨在培养学习者汉语听说读写的基本技能和一定的汉语交际能力，也可用于针对某一特定言语交际技能的汉语教学。

本教材包括：

《课本》，1—4 册，是教材的主体部分，包括词汇表、课文、注释、语法、文化点等。课文采用简体字、繁体字对照，附有拼音和法语翻译。

《汉字本》，1—2 册，提供汉字的有关知识，以及多种多样的练习材料。

《练习册》，1—4 册，尽量做到具有综合性、多样性、可选性。练习材料包括听、说、读、写、译各个方面，难易结合，兼顾学习者的不同需求和不同水平。

《教师手册》，1—4 册，详细说明编者的设计意图、教材的整体架构、使用建议、有关参考资料，以及听力材料书面文本、练习答案、试卷等等。

教材配有音像材料。

一、总体设计

（一）结构、功能、文化、话题

第一、二册以结构为纲，结合功能和文化。根据结构的循序渐进来编排教学内容的顺序，以交际活动和交际功能的典型性来选择教学内容，注意在特定的文化背景下展开教学内容。第三册兼顾交际活动和语言结构。由日常交际活动逐渐向话题讨论过渡，注意在特定的文化背景下展开教学内容。第四册以话题为纲，结合结构和文化。根据话题的文化内涵的典型性设计安排教学内容，同时深化对语言结构的认知和运用。

（二）难度层级

从语言程度的递进方式上看，顺序是："情景对话—语段表达—话题讨论"。即：第一、二册是情景对话，要求学生具有一定的口头交际能力和初步的书面交际能力，进行简短的对话，实现一定的交际功能。在实际的交际活动中，对话是最典型的、最基本的交际方式。但是，我们在《练习册》中，也安排了根据课文对话改写的短文作为阅读材料，以培养学生的阅读能力和语段表达能力。第三、四册是对话和短文相结合，要求学生由语段向语篇表达发展。第三册的教学方式注重对话、短文内容的复述，第四册引导学生开展一定的话题讨论。

（三）课本结构形式和语言风格

每课包括：词语表、课文、注释、语法点、文化点。课文由两部分组成。这两部分的内容是相关的，词语也列为两个部分，以减轻学生学习的心理压力。这也有利于覆盖尽可能多的语境和功能，在教学安排上提供较大的弹性。与词语表相应的汉字表，在《汉字本》中提供；针对课文内容和语法点的操练，在《练习册》中提供。

课文采用简繁对照，附拼音文本和法语翻译，以满足不同需求。

从语体上看，第一、二册课文立足于口语体，第三、四册适当运用一些书面语成分。重视语言的真实、自然，避免为语法教学而产生的生硬的句子和说法。

课文里的角色保持相对稳定，但又有变化，给人新鲜感，使课文内容构成一个比较开放而大体统一的系统，以反映广泛的社会生活。

二、编 写 原 则

本教材遵循的基本原则是：（一）科学性原则。力求符合语言规律、语言学习规律和语言教学规律，反映新的教学观念和研究成果。（二）交际性原则。教学内容要有交际价值，体现特定的交际活动；语言材料尽可能真实；教学目的不在于教授语言知识，而在于培养学生的言语交际能力。（三）实用性原则。教学内容应该满足学习者的需求，适应学生的学习动机和学习目标。（四）针对性原则。在充分考虑学习者的母语背景和文化背景的基础上选择教学内容。（五）趣味性原则。教学内容贴近现实生活，富有情趣。教材形式力求生动活泼。

(一) 入门阶段的教学

在入门阶段，"会话—语音—汉字"三线并进，逐步汇合。以语音教学为主线。

所谓"三线并进"，就是在教学起始阶段，会话、语音、汉字教学作为三条相对独立的平行线来展开。（1）语音教学是入门阶段的教学重点。（2）会话教学主要通过听后整句模仿进行。选择的会话内容是最基本的交际功能和意念。课本提供逐词翻译和整句意译，学生可运用各自的认知策略在运用中感知汉语特点。学生的认知能力是大有潜力的。在语法教学之前给学生提供一些感性的材料是很有意义的。发现性学习相对于接受性学习，更能激发学习者的潜力和积极性。（3）从基本笔画、笔顺等入手进行汉字教学，认读、书写少量结构典型的汉字，培养学生初步的"字感"。这些汉字的读音同样只要通过口头模仿就行。（4）会话、语音、汉字教学三线在第七单元汇合。汇合点的标志是：在口头上，学生能简单介绍自己的姓名（教师可从一开始就为每一个学生取一个中文名字）、国籍，询问价钱、日期等，语音基本标准；在书面上，书写自己的姓名、国籍等，笔画、笔顺正确。口头和书面交际方面的初步成功，将为学生带来兴趣和信心，为进一步的学习打下良好的基础。

之所以要三线并进，是出于以下考虑：（1）既保证语音教学有足够的时间，打好基础，同时又不至于因时间较长而引起单调、枯燥之感。（2）给予一定的会话材料，满足学生从一开始就特别强烈的表达、交际欲望和学习兴趣，给学生以成就感。（3）充分重视汉字教学，按照汉字本身的规律循序渐进地打好汉字基础。这样，既可充分利用学生刚开始时对汉字的好奇心和学习热情，又可以调剂语音教学的单调感，同时也不至于因为汉字教学的压力而束缚了会话教学的内容。

其实，会话、语音、汉字这三条线在教学起始阶段并不是一定要紧密结合的。汉字教学、会话教学中涉及的音素，有些在语音教学中是相对滞后的。首先，汉字教学和语音教学本身都要遵循循序渐进的系统性原则，而两者不可避免地存在矛盾，如："二"作为汉字应该靠前教，而它的发音 er 则宜靠后教。其次，会话教学要遵循交际性原则，它与汉字和语音教学的系统性原则也不可避免地存在矛盾，如：问"你叫什么名字"，从交际价值上看，应该靠前教，但是涉及的音素有 n j sh m z i iao en ing 等，放在一起教显得杂乱；而涉及的汉字有难有易，更不宜放在一起教学。

会话、语音、汉字这三条线在教学起始阶段相对独立地展开是完全可能的。由于语音教学采用"整体—细节—整体"的原则，学生在一开始就对汉语语音系统有了一个大致的了解，对于会话、汉字教学中涉及的某些超前的音素，完全可以通过口头模仿而大致掌握。

当然，在教学中教师可以对内容稍作调整，如删除会话部分，把各个单元的语音部分集中起来先教（在《练习册》的配套语音练习中，从第三单元起也有句子层次的练习和少量会话），把各个单元中的汉字部分集中起来后教。

（二）语音教学

入门阶段的语音教学主要遵循以下原则：

"整体—细节—整体"的原则。即：首先让学习者对汉语语音系统的全貌有一个大致的了解（第一单元），然后再一部分一部分地（分为五个单元）、有重点有针对性地、严格地训练，最后再把各部分综合起来作一个复习（第七单元）。

结合意义的原则。结合意义的学习相对于机械性学习，更能激发学习者的潜力和积极性。因此，语音练习尽量给出该语音形式所表达的意义，如果能体现语音差异带来的意义区别则更好。这只是让学生认识到语音的细微差异将造成意义上的极大不同，并避免机械的语音练习，绝不是要学生掌握那么多词语。

基于同样的原因，本教材把"一"、"不"变调的教学放在语音入门之后，结合交际对话进行。因为，在以拼音形式记录词语和句子的时候，"一"、"不"是按照其实际发音标调的，学生对于变调的感受并不深刻，到了入门之后，当以汉字形式来记录词语和句子的时候，由于出现了同一个汉字在不同时候发不同声调的现象，才导致了问题的复杂性，需要作为一个语言点来讲；而且，这个时候，由于跟表达相结合，学生也会更重视。

音节教学、音素教学和语流教学相结合的原则。音节是最自然的语音单位。"拼音"并不是把音素拼合起来就行了，声母和韵母之间还有如何配合的问题。其次，单独教声母时不得不带上某个韵母来教它的呼读音，以致可能影响学生对于声母和其他韵母的拼读。第三，有些拼音字母会引起混淆，如 ji, qi, xi 中的 i 和 zi, ci, si 中的 i 以及 zhi, chi, shi, ri 中的 i 其实是三个音位。后两个音位单独教也不方便，不如把 zi, ci, si, zhi, chi, shi, ri 作为整体来教，既教了声母，同时又教了韵母。因此，本教材在语音教学的安排上是从音节切入；由音节再到音素，让学习者辨析每个音素的发音；由音节再到语流，让学生体会语音在语流中的价值和变异。在《练习册》里，作为语流练习的句子，同样也给出意义，但是，这些句子跟"会话"部分的句子价值不同，这些句子只是供练习语音用的，本身并不都具有明显的交际价值，也不要求学生掌握这些句子（但对于增加学生对汉语结构规律的感性认识，还是有用的）。

科学性原则。首先是适当循环，逐步深化。如第二课先让学习者接触 yi 和 yu，以后在此基础上再重复教 yi 和 yu，并教齐齿呼和撮口呼的各韵母。其次，注意反映声韵配合规律，如 j, q, x 跟齐齿呼和撮口呼韵母一起教，z, c, s 跟合口呼韵母一起教。第三，注意教学顺序，如先教开口呼，再教齐齿呼、撮口呼、合口呼，因为后者是在前者的基础上增加了一个介音，也就增加了难度。又如，把 zhi, chi, shi 放在 zi, ci, si 之后教，因为前者比后者更难学，而在学会 zi, ci, si 之后，只要加上一个卷舌特征就能学会 zhi, chi, shi。

在入门阶段之后，继续逐步深化语音教学。在第一册中除了"语法点"以外，还有"语音点"，讲授语音的实用知识。在第一、二册的《练习册》中，每课都有语音练习。

(三) 汉字教学

教材配有《汉字本》，从汉语文的特点出发，强化汉字教学。

注意汉字本身的系统性，循序渐进地教学。在入门阶段，先教几十个汉字。选择的汉字一方面考虑到汉字本身的难易度和典型性，另一方面考虑到可以在"汉字知识"部分利用这些汉字进行讲解。

适当改进"语文同步，语文合一"的做法。每课要求既能认读又能书写的汉字控制在25个左右。在开始阶段，有些汉字作"可选字"处理，即，只要求能认读，不要求会书写。到第二册结束时，大致达到语文同步的水平。

加强写字训练，着眼于汉字读写能力的培养，同时适当讲授有关汉字知识，以激发学习兴趣，帮助记忆和理解。

（四）语法教学

分等级、按层次、有系统、循环深化。人们对事物的认识是一个循序渐进、逐步深化的过程；语言教材不同于语法书，语法项目学习的先后顺序是有一定规律的。首先，语法的习得是有一定顺序的，其次，语法项目之间是有内在依存关系的，再次，语法项目在交际中是有频率高低之分的。语法项目的选择和教学顺序的安排，是以上因素综合考虑的结果。同一个语法项目的不同小类，可以而且应该区分不同的难度等级。本教材大体按照中国国家汉办颁布的《汉语水平等级标准与语法等级大纲》的基本框架，并根据教学容量和学生母语特点作适当简化、调整，把语法项目有系统地、分层次地逐步循环深化。

例如，状语的位置是初学者的一大难点。教材中把它分成几个阶段：1. 副词在动词（或形容词）前，2. 介词短语在动词（或形容词）前，3. 时间状语的位置。在此基础上，对状语的位置作一个小结。在此之后，逐步出现复杂的状语现象。从真正培养能力而不是灌输知识的角度来看，这样做的效果也许更好。

又如状语的标志"地"，我们放在第二册教。因为，"地"主要出现在描述性的句子中（如"他昨天激动地告诉我……"），在口语中使用频率不高。而且，三个 de（"的"、"地"、"得"）在几乎同一个阶段教，有可能引起混淆。

在《课本》语法说明中，常常可以看到"一般"之类的措辞。如"'和'一般只能用来连接名词性短语"。事实上"和"也可以连接动词性、形容词性短语，但那是有条件的，并且多见于书面语。对于初学者来说，讲得太多，恐怕不但难以让学生掌握，而且会把问题

复杂化。

归纳法和演绎法相结合。有些语法点适合用归纳法，有些语法点适合演绎法去教。如，连动句和兼语句，教材中基本上采用演绎法，一开始就把"动词性短语连用"这样一条总的句法规律告诉学生，随着学习的深入，对这条规律的认识不断细化，如对于连动句来说，先讲方式再讲行为（如"坐飞机去"），先讲行为再讲目的（如"去坐飞机"），等等。但是，讲定语则在第一册中采用归纳法，一开始用注释来说明课文中出现的定语修饰名词的现象，到一定阶段给以总结。因为，定语包括的具体内容是多种多样的（名词作定语、形容词作定语、带"的"的，不带"的"的），汉语的定语与法语的相应成分在句法位置上也不是一一对应的关系，对于非语言学专业的学生来说，甚至对于什么是定语恐怕也不是很清楚。因此，在学生尚未接触到种种现象之前就给学生一个概括力很强的规则，并不一定有效。

归纳法和演绎法往往是相互结合的，如，在第一册里，讲定语时用的是归纳法，而一旦给学生概括了这个规律之后，更复杂的现象便可以纳入已经学过的定语规则来讲。

简化语法体系，加强针对性，突出重点。

为了简化语法体系，突出语法重点，我们采用了一些国外专家同行们的建议，把一些比较小的语法点（但不一定是不重要的或容易的）放在注释中讲，把涉及到整个系统的"比较大"的语法点，作为语法项目来讲。

本教材的语法教学，大致分为三个阶段：1. 汉语的疑问句、形容词谓语句、量词、定语、状语，在第一册完成。2. "了"、"着"、"过"、"是……的"、补语、"把"字句、"被"字句，在第二册完成。3. 虚词用法小结、复句小结等，在第三册完成。当然，这三个阶段不是截然划分开的。

严格地说，对于不同母语的学生进行外语教学，需要不同的教学语法体系。如，对以日语为母语的学生，要强调汉语宾语的位置，对于以法语为母语的学生，动词谓语句几乎不必讲。当教学时间、教学容量有限的时候，简化语法体系，加强针对性，就尤为重要。例如，在第一册中，关于汉语的基本句型，我们只给出了动词谓语句和形容词谓语句，并且把重点放在形容词谓语句上。至于名词谓语句，由于使用范围有限，除了表示时间、年龄、数量的情况以外，大多可以补出动词"是"，因此，我们把它作为特例，在注释中处理。主谓谓语句，学术界有不同的看法，我们不把它作为句型来讲，而是在一定阶段，用"话题"来解释这一现象。又如，关于疑问句的分类，我们首先把它分为用"吗"的和不用"吗"的两类。疑问句的语序，选择问句、正反问句的格式，由于跟法语相比减少了复杂性，因此并不难学。至于特指疑问句，关键在于疑问词的用法，那是要一个词一个词地学的。

在《课本》中，我们尽量少用语法术语，多用格式。并且尽量考虑到通俗性。例如，名词和名词性短语，动词和动词性短语等，一般用N，V等来表示，不用NP，VP等比较专业的术语，尽管后者更科学。

另外，我们尽量多作语义和语用上的解释。例如，对于"他踢足球踢得很好"、"他足球踢得很好"、"足球他踢得很好"这类句子，标为"S. V. O. V. 得 C."，"S. O. V. 得 C."，"O. S. V.得 C."，这样就能比较简明地体现出三个句子语义上的联系和格式上的变化。另外，把所谓"主谓谓语句"的大主语看作话题，把所谓"意义上的被动句"、"宾语前置"（主谓谓语句）等用"话题化"概念从语用上作统一的解释。这样处理，我们觉得比较简明、通俗，既简化了语法系统，也比较符合普通学习者把宾语与受事等同起来的朴素的语法观念，符合"话题结构相对于主谓结构优先习得"这一习得规律，同时，也反映出近年来语言学界关于语义和语用研究的新成果。

在《练习册》中加强练习，重在培养能力。至于有关的语法背景知识，以及一些相关的疑难问题，则放在《教师手册》中，必要时教师可以参考这些材料为学生释疑解惑。

（五）词汇教学

根据实用性选择词语。初级阶段的词语基本上都是中国国家汉办颁布的《词汇等级大纲》中的甲级词。

控制词语教学总量。平均每课30多个词。如果一个星期完成一课，平均每天需要记忆7个词；如果两个星期完成一课，平均每天只要记忆

3.5个词。

尽量考虑词汇本身的系统性。即，根据语义场和联想关系组织词语。但是由于教学容量有限，有关词语无法在课文中出现，则用补充词语的办法解决。如课文中出了"女"（"这是我的女朋友"），在补充词语中给出"男"。补充词语一般控制在三四个左右。

重视语素教学。把语素教学和汉字教学结合起来，在《汉字本》中给出语素意义，标出自由语素和黏着语素。遵循"熟字生词"的原则，利用已学汉字，组成新词，扩大词汇量。

承担一部分语法教学的任务。语法是对某一类现象的概括。作为语法现象还是作为词汇问题来教学，从实用的角度上来看，只是一个概括程度的问题。从系统的角度上来看，是一个归纳法教学还是演绎法教学的问题。例如，我们把"可是"、"所以"等，放在较前的阶段教，尽管还没有讲"复句"这一语法点，但是不影响学生掌握这几个词。又例如，教材没有把"能愿动词"作为一个语法点，因为学习使用能愿动词的关键不在于它们的共性，而在于个性，在于"能"和"会"，"可以"和"能"等词的意义和用法的差异。

（六）文化教学

注意课文内容趣味性，注意情节、情境的个性化和人情味及话题的情趣性和可讨论性。

学习者本国背景和中国背景相结合，以中国背景为主。学生的学习目的是了解中国文化，与说汉语的人进行交际，因此，反映中国文化，以中国为主背景是理所当然的。但是，考虑到学生是在本国学习汉语，考虑到文化对比的必要性，考虑到学生学习、生活、交际的真实性和心理上的亲近感，适当融合本国背景的内容，也是需要的。

反映传统文化和当代社会相结合，以当代社会为主。中国具有悠久的文化传统，而当代中国社会又正处在变革之中。教材努力反映当代热点，同时照顾到话题的稳定性，以符合实用性原则、交际性原则和趣味性原则。

反映中外文化对比，同时注意世界文化共通性。教材既反映中国文化的特点，反映中外文化的对比，同时，努力体现中西方文化的共同点，寻找世界人民的共同话题，体现世界各民族文化的共通性。

教材第一、二册课文以反映习俗文化为主，每课之后提供有关的"文化点"项目。第三、四册（特别是第四册）注重反映当代社会变革中的热点，反映当代社会的新气象和时尚，反映当代中国人的思维方式和价值观念。

教材配有图画、照片等，以烘托中国文化氛围，增强真实性，活跃版面。

三、几点说明

在可理解的前提下，课文的法文翻译尽量贴近原文，以反映课文中汉语句子原来的结构文化特点和风格。

在拼音中，"一"、"不"按照实际读音标出变调，第三声则只标本调。

汉字采用繁简对照。繁体字指同一汉字所具有的结构较繁，笔画较多的字形，简化字则指同一汉字所具有的结构较简单，笔画较少的字形。目前，无论繁体字还是简化字，都有特定的所指。"简化字"指中国国家语委1986年重新颁布的《简化字总表》所规定的简化字形，"繁体字"则指与之相对应的，已经有简化字代替的繁复的字形。本教材的繁简对照标注，依据上述《简化字总表》，如"什么"后标"什麼"，不标"甚麼"。本教材不标异体字，如"吃"不标"喫"，"猫"不标"貓"。

生词表里的"补充词语"是要求学生掌握的。另外，在每课最后列出若干"参考词语"，如，课文中出了生词"打球"，则在"参考词语"中出"篮球、足球"等各类球的名称，由学习者自由选用。"补充词语"是必学词语，以后不再重出；"参考词语"是可选词语，以后课文中出现时，仍作生词处理。另外，《练习册》中也有一部分补充词语，《汉字本》按照"熟字生词"的原则出了一些新词语。这些都体现了教材"可选性"、"弹性"的编写原则，由教师和学生根据具体情况决定是否要求掌握。

严格地说，"处所词"、"时间词"、"方位词"是名词的小类，

"能愿动词"、"趋向动词"是动词的小类,"疑问代词"是代词的小类,为了突出它们的特殊性,也为了通俗,在词汇表中分别标注为 M.P., M.T., Loc, V.M., V.D., Pron. Int.。把"情态补语"翻译为 complément prédicatif。另外,考虑到动词带结果补语/趋向补语的结构及其可能式是词和短语之间的中间状态,尽管在教材的语法说明中仍然称为"补语",但是在标注拼音的时候,在动词/形容词和补语中间加连字符号,以体现"短语词"的特点。

《练习册》听力和阅读练习中有意识地安排了一些生词,这些生词不要求掌握,也不影响对问题的回答。这样安排是为了增强语言交际的真实性,培养学生逐步具有跳跃障碍,根据上下文猜测词义的能力。

《汉字本》中"猜一猜下面句子的意思"一题,旨在加强汉字的复现率,并带有游戏性质,涉及的汉字都是学过的,但是构成的词语和结构可能是新的,可不作要求。

四、使用建议

教学设计

本教材每册12课(第一册八课,另有七个单元的入门课),可供一学期或一学年学完。根据各个学校的周学时的多少和教学进度而定。

对于《课本》的四册内容,以及相配套的《汉字本》和《练习册》中的练习,均可有选择地使用。教材共4册,既前后联系,又相对独立。可以连续使用,也可以根据学习者的水平,选用其中的一册或几册。第一、二册均有一篇补充课文,可视情况灵活处理。

《汉字本》、《练习册》中的练习不必全做,可选用一部分。

教学时间

第一册入门七个单元,建议用一个月完成。以后的课文每课为3—6个课时。本《教师手册》按每课4课时设计。如果用6课时完成,则可以介绍一些补充词语,增加练习时间,补充汉字操练项目。

教学原则和途径

1. 以学习者为基础（axé sur les élèves），以语言行为为基础（axé sur la performance），以交际任务为基础（axé sur la communication）。

2. 重在培养语言交际能力，而不是传授语言知识。

3. 先听说后读写，先认读后书写；发展综合技能。

4. 把语法教学适当融合在词语教学和课文教学中。

5. 在运用中教语法、学语法；在运用中学词语、练词语。

6. 利用学习者的认知策略，引导学生自己尝试发现语法规律。

7. 从机械性操练到模拟语境的交际活动，循序渐进地进行课堂练习。

8. 根据教学对象的学习目标、动机、潜力、基础的差异，学习性质的差异以及学习者的个性差异，灵活调整教学容量和教学方式。

9. 注意控制教学节奏，避免拖沓。注意使用汉语课堂用语，营造课堂的汉语气氛，有控制地使用法语并逐步减少使用法语。

以上建议，谨供参考。

语法体系述要

一、词 类

汉语的词类包括两大类：实词和虚词。

实词包括：名词、动词、形容词、数词、量词、副词、代词、疑问词以及叹词、象声词。

（一）名词

例如：人 山 河 地图 食品 朋友 公司 洗衣机

名词的特点是：

1. 大多能受量词短语修饰。如：

   一个人 一座山 一张地图 一些食品

2. 不能受"不"的修饰。

3. 能用在介词后面，组成介词短语。如：

   在公司（工作） 对朋友（很热情）

4. 常常作主语和宾语。

名词中比较特殊的是时间词、处所词和方位词。

时间词，如：今天 去年 现在 以前 平时 最近 将来
处所词，如：中国 亚洲 郊区 附近 远处 旁边 对面
方位词，如：

上	下	前	后	左	右	东	南	西	北	里	外	内
以上	以下	以前	以后			以东	以南	以西	以北		以外	以内
之上	之下	之前	之后			之东	之南	之西	之北		之外	之内
上面	下面	前面	后面	左面	右面	东面	南面	西面	北面	里面	外面	
上边	下边	前边	后边	左边	右边	东边	南边	西边	北边	里边	外边	
上头	下头	前头	后头			东头	南头	西头	北头	里头	外头	
旁边	对面	中间	之间	之中		东南		这边		内部	……	

时间词和处所词常常修饰动词性短语。

单音节的方位词往往附着在其他词语之后，表示处所或时间。双音节的可以单独使用，或者放在其他词语后面构成方位短语，表示处所或时间。如：

  桌子上　家里　南面　马路旁边　以前　回家以后

（二）动词

例如：有　是　看　想　坐　学习　休息　游泳

动词的特点是：

1. 能受副词"不"、"没（有）"修饰。如：

  不看　不学习　没看　没学习

2. 后面常常能带"了"、"着"、"过"等动态助词。如：

  看了　想过　坐着

3. 一部分动词能重叠。如：

  看看　想想　休息休息

4. 常常作谓语。

动词中比较特殊的是趋向动词和能愿动词。

1. 趋向动词包括：

	上	下	进	出	过	回	开	起
来	上来	下来	进来	出来	过来	回来	开来	起来
去	上去	下去	进去	出去	过去	回去		

趋向动词除了具有一般动词的特点以外，还常常放在其他动词或形容词的后面，充当补语，如：

  走来　走进　拿出来　放进去

有的趋向动词在语义上已经虚化，如：

  爱上　关上　留下　说出来　传出去　看上去　回忆起来

  热闹起来　安静下来　坚持下去　流传开来　昏过去　改正过来

2. 能愿动词，也叫助动词，如：

  能　能够　会　可以　可能

  应该　应当　该　要　得　想　敢　肯　愿意

能愿动词常常放在其他动词或形容词的前面,表示能力、可能、必要、意愿等意义。

(三) 形容词

例如:好　大　小　努力　干净　严格　雪白　红彤彤　糊里糊涂

形容词的特点是:

1. 一般能用副词"不"和"很"修饰。如:

　　不好　不干净　很好　很干净

2. 一部分形容词能重叠。如:

　　好好休息　大大的眼睛　打扫得干干净净

　　四周的墙壁雪白雪白的

3. 能修饰名词,一部分形容词还能修饰动词。如:

　　小商店　严格的老师　努力学习　客气地拒绝

4. 直接作谓语,也常作定语、补语。

形容词中比较特殊的是非谓形容词(也叫区别词)。如:

　　男　女　正　副　金　银　单　双　彩色　新式　大型

它们的特点是:只能作定语,或用在"……的"中。如:

　　男老师　副市长　金饭碗　单姓　彩色照片

　　我们的老师是女的。

　　我要新式的,不要老式的。

(四) 数词

例如:零(O)　半　一　二　两　九　十　百　千　万

(五) 量词

例如:公斤　里　小时　分　双　副　个　条　点　些
　　　下　次　遍　趟　番

第一组叫名量词,一般跟名词配合(如"一公斤鱼"),有的也跟形容词配合(如"一公斤重");第二组叫动量词,跟动词配合(如"去一次")。

一些名词可借用为量词,如:

　　一房间人　一箱子书　踢一脚　打两拳　砍一刀

量词大多可以重叠,如:

这些邮票张张都非常精美。
他们个个都是好样儿的。

（六）副词

副词的特点是：只能作状语。

副词可以分为表示程度、情状、时间、频度、范围、否定、语气等七个小类。见下表：

表示程度	很 极 挺 怪 太 非常 格外 十分 极其 分外 最 更 更加 越 稍微 比较 有点儿
表示情状	猛然 毅然 忽然 仍然 逐步 渐渐 亲自 擅自 特地 互相
表示时间	刚 刚刚 已经 已 曾经 早 就 才 正 正在 在 将 将要 立刻 立即 马上 永远 从来 随时
表示重复、频度	又 再 还 也 再三 常常 经常 往往 一直 一向 偶尔 老(是) 总(是) 不断 反复
表示范围、数量	都 全 一共 一起 只 仅仅 就 才
表示否定	不 没(有) 别 勿
表示语气	多 多么 真 可 并 又 却 倒 实在 幸亏 难道 究竟 到底 毕竟 偏偏 干脆 简直 明明 一定 准 果然 大概 也许 大约 几乎 差点儿 反正

有的副词兼有关联作用，如：

(1) 这些孩子又单纯又善良。
(2) 他会英语，还会法语。

（七）代词

代词可以分成三个小类：人称代词、疑问代词、指示代词。见下表：

人称代词	你 您 我 他 她 它 你们 我们 咱 咱们 他们 她们 它们 大家 人家 别人 自己
指示词	这 那 这儿 那儿 这里 那里 这么 那么 这样 那样
疑问词	谁 什么 哪 哪儿 哪里 怎么 怎么样 怎样 多 多少 几
其他	每 各 某

代词可以活用，表示任指或虚指，如：

(1) 你看看我，我看看你，谁也不说话。
(2) 谁想去谁去。
(3) 在这种场合，你无论如何得说点儿什么。

（八）叹词

叹词用来表示感叹和应答。如：

(1) 哎呀，真糟糕！
(2) 哎，我来了。

（九）象声词

象声词用来模拟声音。如：

(1) 丁零零，丁零零，前面传来一阵自行车铃声。
(2) 一只青蛙一张嘴，两只眼睛四条腿，扑通一声跳下水。

虚词包括：介词、连词、助词、语气词。

（十）介词

介词跟名词性词语（有时是动词性词语）组成介词短语，修饰动词或形容词，有时也可以修饰名词。如：

(1) 我在中学教汉语。
(2) 他给我买了一束花儿。
(3) 关于环境保护的问题，我们谈得很多。

介词可以分为介引对象和范围、介引依据和手段、介引目的和原因、介引时间和处所等四类，见下表：

介引对象、范围	对 对于 关于 至于 和 跟 同 与 为 给 替 于 把 将 叫 让 被 比 向 连 除（了）
介引依据、手段	在 根据 依照 按照 通过 凭 以
介引目的、原因	为 为了 由于 因为
介引时间、处所	从 自从 自 打 由 当 往 朝 向 到 在 于 顺着 沿着

（十一）连词

连词的作用是连接词、词组或句子。如：

(1) 饭和菜都已经做好了。
(2) 不论谁都可以提意见。
(3) 不论你说什么，他都不相信。

有的连词只用于连接词或短语，有的连词只用于连接分句，有的既可以连接词或短语，又可以连接分句。见下表：

连接词或短语	和　　跟　　同　　与　　及
连接分句	不但　因为　所以　因此　因而　既然　要是　如果　假如 除非　虽然　尽管　但是　可是　不过　然而　即使　就是 哪怕　省得　免得　于是　从而　以致　与其　宁可　尚且 何况　只要
连接词语或分句	而且　并且　而　并　或者　要么　还是　只有　无论 不论　不管

（十二）助词

助词附着在词或短语上，表示一定的附加意义。

助词主要包括：

1. 结构助词：的　地　得

"的"用在一部分定语和中心语之间，如：

(1) 他的新居

(2) 最有名的歌

(3) 新修的马路

"地"用在一部分状语和中心语之间，如：

(4) 他听了这个消息，兴高采烈地走了。

(5) 周围嘈杂的环境已经严重地干扰了学校的教学工作。

(6) 他们俩又说又笑地回家了。

"得"用在一部分述补短语的述语和补语之间，如：

(7) 他累得饭也不想吃了。

(8) 大雨把他淋得像只落汤鸡。

2. 动态助词：了　着　过

"了"表示行为动作或状态的完成、实现，如：

(1) 看，汽车来了！

(2) 昨天我们去拜访了一位老寿星。

(3) 明天晚上吃了饭到我办公室来一下。

"着"表示行为动作的进行或状态的持续。

(4) 门关着,灯开着。

(5) 他穿着一件红毛衣。

(6) 我们正谈着话,老师进来了。

(7) 新房的墙上挂着一张结婚照。

"过"表示曾经发生某一行为动作,存在某一状态。

(8) 这个字我不认识,我们没学过。

(9) 我去过那儿,是个山清水秀的好地方。

(10) 这孩子小时候也胖过,现在瘦了。

3. 其他助词:

们(如"同学们")　第(如"第一")　初(如"正月初三")

似的(如"像野马似的")　来(如"二十来个人")

把(如"块把钱")

(十三) 语气词

例如:吗　呢　吧　啊　的　了　嘛　着呢　罢了

语气词的作用是:表示语气或口气。一般用在句末。如:

(1) 你会说汉语吗?

(2) 这是不可能的。

(3) 太巧了!

语气词有时也用在句中,如:

(1) 这个问题呢,我明天再回答你。

(2) 我吧,从小就爱玩车。

有时,同一个词,在某个语境中具有某一类词的特点,在另外一个语境中,又具有另外一类词的特点,即,兼属两类。如:

(1) 对不起,委屈你了。

(2) 对不起,让你受了一点儿委屈。

(3) 他觉得很委屈。

在第一句里,"委屈"带宾语,是一个动词;在第二句里,"委屈"受量词短语的修饰,是一个名词;在第三句里,"委屈"受"很"的修饰,并且不能再带宾语,是一个形容词。所以,"委屈"兼属动词、名词和形容词。

词类总表

词类		例词
实词	名词	人 山 地图 食品 朋友 上海 现在 前面
	动词	看 想 坐 学习 休息 有 是 能 上来
	形容词	好 努力 雪白 红彤彤 糊里糊涂 男 大型
	数词	零（O）半 一 二 两 九 十 百 千 万
	量词	公斤 分 双 副 个 条 点 些 下 次 遍
	副词	很 刚 忽然 又 就 都 不 简直 互相 有点儿
	代词	你 我 他 咱们 这 那 怎么样 多少
	叹词	喂 哎呀 哟
	象声词	哗啦啦 扑通 丁零
虚词	介词	对 在 为 从 关于 把 被
	连词	和 或 而 不但 虽然 无论 所以
	助词	的 地 得 了 着 过 第 似的
	语气词	吗 呢 啊 的 了

二、短语（词组）

（一）短语类型

结构类型		举例			功能类型
基本短语	主谓短语	他不去	钱包丢了	满面红光	
		东西很贵	打人不对	身体不舒服	
	联合短语	你、我、他	今天或明天		名词性
		唱歌、跳舞	研究并决定		动词性
		聪明、漂亮	又酸又辣		形容词性
	偏正短语	新书	最好的朋友		名词性
		马上出发	在哪儿见面		动词性
		真便宜	特别高兴		形容词性
	述宾短语	买材料	送她一束花儿	开过来一辆车	动词性
	述补短语	吃完	说得很清楚		动词性
		好极了	热得满头大汗		形容词性
特殊短语	同位短语	我朋友小王	中国的首都北京	你们俩	名词性
	连动短语	走过去开门	开车去公司	去公司开车	动词性
	兼语短语	请你喝咖啡	让他等一等	欢迎你参加	
有标记的短语	介词短语	从八点钟	往右		修饰性
	方位短语	桌子上	那家超市旁边	出国以前	名词性
	量词短语	这三本	这本	三本	
	"的"字短语	我的	红的	昨天刚买的	

(二) 句法成分

1. 主语　如：

　　　他不去　东西很贵　打人不对　身体不舒服

2. 谓语　如：

　　　他不去　东西很贵　打人不对　身体不舒服

3. 宾语　如：

　　　买材料　送她 一束花儿　开过来一辆车

4. 定语　如：

　　　(老)房子　(阅读)材料　(雄伟的)建筑　(新买的)钢琴

5. 状语　如：

　　　[慢慢地]说　[明天]说　[在大会上]说　[非常]满意

6. 补语

(a) 情态补语① 如：

　　　衣服洗得〈很干净〉　跑得〈不快〉

(b) 结果补语　如：

　　　东西卖〈完〉了　东西买〈到〉了

(c) 趋向补语　如：

　　　坐〈下〉　拿〈来〉　走〈上来〉　安静〈下来〉

(d) 可能补语② 如：

　　　看得〈见〉　买不〈到〉　开不〈进去〉

(e) 数量补语　如：

　　　看〈一遍〉　看〈两个小时〉　(比他)高〈三厘米〉

(f) 程度补语　如：

　　　好〈极〉了　快得〈很〉

---

① 也叫"状态补语"、"程度补语"(跟本书的"程度补语"不同)。课本中的法文名称为 complément(谓述性补语)。

② 有的学者把这一格式叫做结果补语和趋向补语的"可能式"。

三、句子格式

(一) 句型

句型，指句子的结构类型。句型首先分为单句和复句。单句又可分为主谓句和非主谓句。下面的句子都是主谓句：

(1) 今天|很热。

(2) 我|喜欢踢足球。

(3) 在家里，他|是一个好厨师。

下面的句子都是非主谓句：

(4) 王老师！

(5) 下雨了！

(6) 好热的天气！

(7) 蛇！

(8) 必须保护环境。

主谓句可分为动词性谓语句和形容词性谓语句两种。

1. 动词性谓语句。如：

动词性谓语句在汉语里占优势。动词性谓语句根据结构又可以分为以下几种类型：

A. 简单动词句：（状语 + ）动词。如：

(1) 咱们走吧！

(2) 雨停了。

(3) 我今天休息。

(4) 他以前也在我们公司工作。

B. 述宾谓语句：（状语 + ）动词 + 宾语。如：

(1) 谁是经理？

(2) 他有两个孩子。

(3) 他去年写了一本书。

(4) 我喜欢养狗。

(5) 我还以为他对我有意见呢！

上面都是动词带一个宾语的例子。还有动词带双宾语的，如：

(6) 他问我明天去不去。

(7) 他送我一件礼物。

(8) 他借了我一笔钱。

(9) 大家都叫他大哥。

C. 述补谓语句：(状语＋)动词＋补语。

根据补语的类型，又可分为：

a. (状语＋)动词+得+情态补语。如：

(1) 他今天来得特别早。

(2) 他说得很流利。

b. (状语＋)动词+结果补语。如：

(1) 汉语词典没买到。

(2) 我已经说完了。

c. (状语＋)动词+趋向补语。如：

(1) 他跑上去了。

(2) 从大门开进去。

有时候，动词同时带有宾语和趋向补语。如：

(3) 他走进房间去了。

(4) 他又拿出一本书来。

(5) 他又拿出来一本书。

(6) 他又拿了一本书出来。

d. (状语＋)动词+得/不+可能补语。如：

(1) 京剧我看不懂，可是听得懂。

(2) 他心里有话，可是说不出来。

(3) 票没买到，今天去不了(liǎo)了。

(4) 这东西有毒，吃不得！

最后一句是"得 dé"本身作补语。肯定式是"吃得"，不说"吃得得"。

e. (状语＋)动词+数量补语。如：

(1) 我可以看一下吗？

(2) 请再说一遍。

(3) 我见过他三次。

(4) 那盏灯亮了一夜。

(5) 昨天晚上他才睡了三个小时。

(6) 我比他高三厘米。

f. (状语＋)动词+(得+) 程度补语。有的程度补语之前用"得"，有的不用"得"。如：

(1) 他喜欢极了。

(2) 我已经把他看透了。

(3) 他喜欢得不得了。

(4) 他喜欢得很。

D. 连动句：(状语＋)连动短语。如：

(1) 他赶紧推门进去。

(2) 我坐车去人民广场。

(3) 我去人民广场坐车。

(4) 他拉着我的手不放。

(5) 我想找个人问问。

(6) 他喝酒喝醉了。

E. 兼语句：(状语＋)兼语短语。如：

(1) 老板让他去广州工作。

(2) 朋友请我明天一起去吃饭。

(3) 他怪我没有把事实告诉他。

(4) 顾客称赞他们服务周到。

(5) 他把电脑借给我用。

名词性短语作谓语，可以看作动词谓语句的特例。如：

(1) 他东北人。

(2) 现在十二点。

(3) 他二十一岁。

(4) 这件毛衣一百多块钱。

(5) 明天晴天。

这些句子大多可以补上动词"是"或别的动词。否定的时候要在谓

语前加"不是"。如:

(6) 他是东北人。

(7) 他不是东北人。

2. 形容词性谓语句。汉语里形容词或形容词性短语可以直接作谓语。如:

(1) 我很忙。

(2) 这个城市非常干净。

(3) 天阴沉沉的。

(4) 街上热热闹闹的。

在陈述句里,形容词前面往往有状语。单个形容词作谓语,含有对比的意思。如:

(5) 我们学校大,他们学校小。

(6) 这件衣服贵,那件衣服便宜。

形容词后面可以带补语:

(7) 他们高兴得跳起来。

(8) 那部电影好看极了!

(9) 这条裤子大了一点儿。

(10) 我累了一天了。

句型系统简表:

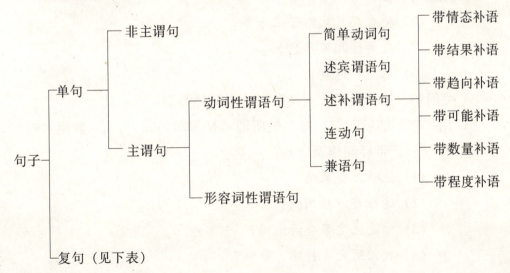

复句类型简表

复句类型		关 联 词 语
联合复句	并列复句	也　又　还　既……又/也……　又……又…… 是……不是……　不是……而是……　一边……一边…… 一面……一面……
	连贯复句	就　便　又　于是　然后　再　一……就…… 首先……然后……
	递进复句	而且　并且　还　更　甚至　不但……也/还/更 不但……而且
	选择复句	是……还是……　或者……或者……　要么……要么…… 或者　不是……就是……　与其……不如 宁可……也……
偏正复句	假设复句	要是/如果/假如……那么/就……
	因果复句	由于　所以　因此　以至于　因为……所以…… 之所以……是因为……　既然……就
	转折复句	却　但是　可是　不过　虽然/尽管……但是/可是……
	条件复句	只要……就……　只有……才……　除非……才…… 无论/不论/不管……都/也……
	让步复句	即使/哪怕/就是……也/都……
	目的复句	为了　以免　省得　好

（二）句类

句类，指句子的语气类型。按照句子的语气，可以把句子分成：陈述句、疑问句、祈使句、感叹句。

1. 陈述句。如：

（1）他在那儿生活了三十年。

（2）我对这儿不熟悉。

（3）他没告诉我。

2. 疑问句。根据提问方式又可以分为两种类型：

A. 用"吗"的疑问句，即一般所谓"是非问句"。句末一般用"吗"，有时没有"吗"，带疑问语调。如：

（1）他明天会来吗？

（2）这儿可以抽烟吗？

（3）你没把这事告诉他吗？

（4）我们明天去打球，好吗？

（5）您是张师傅，对吗？

（6）怎么，你也想去？

有时句末用"吧"，表示揣测语气。如：

（7）我想，这是您女儿吧？

B. 不能用"吗"的疑问句。包括：

a. "X不/没X"问句。如：

（1）这种电视机好不好？

（2）你说不说英语？

（3）你说英语不说（英语）？

（4）同学们都来没来？

（5）他是不是病了？

b. 带疑问词的问句。如：

（1）你要什么？

（2）他是谁？

（3）你去哪儿？

（4）现在几点？

（5）你们公司有多少人？

（6）这个房间有多大？

c. "X还是Y"的问句。如：

（1）你喝茶还是喝酒？

（2）是你来，还是我去？

（3）是在这儿谈，还是出去谈？

d. 还有一种以"呢"结尾，不带疑问词的特指问句。如：

（1）我的鞋子呢？（我的鞋子在哪儿？）

（2）我是日本人，你呢？（你是哪国人？）

（3）如果他不同意呢？（如果他不同意，那怎么办？）

3. 祈使句。表示命令、请求等。如：

（1）请进！

（2）你醒醒！

（3）走吧！

(4) 千万别忘了！
(5) 别睡了！
(6) 不要着急！

4. 感叹句。如：
(1) 哎呀！
(2) 太好了！
(3) 真便宜！
(4) 多漂亮啊！
(5) 好大的架子！

句类系统简表：

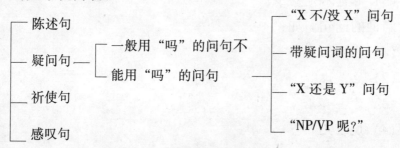

（三）句式

句式是对某些在结构表达上有特色的句子的概括、分类。

1. "是……的"句

有两种不同的"是……的"句①。

A. 当谈话双方都知道某个动作行为已经发生，说话人要着重表达的不是动作行为本身，而是与动作行为有关的某个方面，如什么时候、什么地方、什么方式、动作的对象是什么、是谁做的，等等，就用"是……的"格式。"是"可以省略，但是一定要有"的"。否定时，"不"放在"是"的前面。如：

(1) 他是昨天来的。

---

① 在"她父亲是个拉三轮车的"这样的句子里，"拉三轮车的"是"的"字短语，跟这里讲的"是……的"句式不同。

(2) 他大概是从单位直接赶来的。

(3) 他一定是坐出租车来的。

(4) 我今天早上是六点半起的床。

(5) 是办公室老师安排我住这儿的。

(6) 他的手术不是张大夫做的。

(7) 昨天晚饭我是吃的米饭,不是面条。

B. 当表示说话人的一种观点、意见、评述、描写时,可以用"是……的"句,全句带有说明情况或道理,以使对方接受或信服的语气。这种句子的"是"和"的"都可以去掉不说。否定时,"不"放在"是……的"的内部。如:

(1) 那是不可能的。

(2) 我是从来不参加这种活动的。

(3) 他们提出的要求是合情合理的。

(4) 他昨天是同意我的意见的,可是今天又改变主意了。

(5) 我相信,若干年以后,这里的环境是会有很大变化的。

2. "比"字句

"比"字句表示比较。如:

(1) 他比我高。

(2) 他比我高一点儿。

(3) 他比我高三厘米。

(4) 他比我高得多。/ 他比我高多了。

(5) 我身体比以前好得多了。/ 我身体比以前好多了。

(6) 他比我更高。/ 他比我还高。

当一个句子的谓语本来就是一个"动词 + 得 + 情态补语"的格式时,"比……"可以放在补语之前,也可以放在动词之前。格式是:

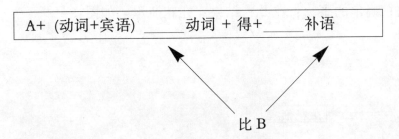

如：

    （1）他做生意做得比我好。

    （2）他做生意比我做得好。

"比"字句的否定形式是"a 不比 b……"。但是这种句子仅用于针对某种看法进行修正或辩驳。如：

    A：这件衣服小了点儿，给我换那件吧。

    B：那件不比这件大。

从否定的角度进行比较，最常见的是：a 没有 b……。如：

    （1）他没有我高。

    （2）他没有你这么能干。

3. "把"字句

"把"字句的基本格式是：

主语 ＋ 把…… ＋ 动词 ＋ 其他成分

大多数"把"字句表示处置义，即：针对某个确定的事物，实施某个行为动作。这一行为动作往往使这个确定的事物受到某种影响，发生某种变化，产生某种结果。"把"字句的主语是这一影响、变化的广义上的引起者、责任者。例如：

    （1）他们把老鼠打死了。

行为：打；确定的事物：老鼠；结果：死了。如图：

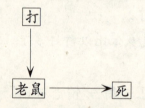

    （2）他把花儿放在花瓶里。

行为：放；确定的事物：花儿；结果：在花瓶里。如图：

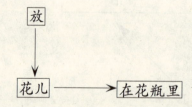

使用"把"字句应该注意的是:

"把"的宾语是可以受后面动词支配的,它所表示的事物是确定的、已知的。如:你把书架上的书整理一下。这时,说话人明确地知道"书架上的书"指的是哪些书。而且"整理"和"书架上的书"可以构成述宾短语。

动词前后通常总有一些其他成分。如:他把书不停地往柜子里放。/他把书都放好了。但是不能说:他把书放。

否定词、能愿动词、时间词语应该放在"把"的前面。如:他没把雨伞拿走。/他想把雨伞拿走。/他昨天把雨伞拿走了。

以上是常见的"把"字句。另外还有几种"把"字句,意义稍有不同。

A. 主语+把 X 当作／作为／看成／……Y。如:

(1) 我把你当作最好的朋友。

B. 把+处所/范围+动词+其他成分。如:

(2) 我把整个城市都找遍了,也没找到他。

C. "把"表示致使。如:

(3) 好不容易才买到两张票,可把我累坏了!

(4) 每天都是四十度以上,把人们热得都喘不过气来。

4. "被"字句

"被"字句的格式是:

主语＋被(……)＋动词＋其他成分

"被"字句表示某个事物因为受到某种影响而有所变化。"被"后的宾语可以不出现。如:

(1) 我被他吓了一跳。

(2) 词典被人撕掉了一页。

(3) 我的自行车被偷走了。

"被"字句的动词前,还可以加上"所"、"给"。加"所"以后书面语风格很强,加"给"则更加口语化。如:

（4）我被这一情景所感动，情不自禁地加入到他们的行列中。

（5）孩子被他给惯坏了。

在口语里，常用"叫"、"让"代替"被"。

（6）我让他给骗了。

（7）帽子叫大风吹跑了。

使用"被"字句应该注意的是：

在口语里，大部分"被"字句表示不愉快的、受损害的情况。如：我的钱包被人偷走了。

"被"字句的动词后面一般要有其他成分。如：花瓶让我给打碎了。

否定词、能愿动词、时间词语应该放在"被"的前面。如：我没让他打着。/我能让他打着吗？/我刚才让他打着了头部。

5. 存现句

存现句的格式是：

处所＋动词……＋人/事物

存现句可以分为三类：A. 表示人或事物存在的；B. 表示人或事物出现的；C. 表示人或事物消失的。

A. 表示存在的。如：

（1）桌子上有一本书。

（2）靠墙是一排书架。

（3）商店门口围着一群人。

（4）办公桌上摆满了文件。

除了动词"有"和"是"以外，其他动词的后面大多有"着"或"了"。

B. 表示出现的。如：

（1）昨天我们家来了几个客人。

（2）前面走过来一个人。

C. 表示消失的。如：

（1）书架上少了一本书。

（2）张家死了人了。

使用存现句应该注意的是：

宾语常常有"一个"、"几个"、"许多"等修饰，而不能用"这个"、"那个"等修饰。如：天上飞过去一群大雁。/明朝末年，陕西出了一个李自成。

处所词语前一般不用介词，如：马路对面过来一个人。

四、表　达

（一）话题

一个句子的话题，就是一个表述的出发点，是句子内容所围绕的中心，话题后面的部分，是对于话题的说明。一个句子选择什么词语充当话题，要看语境而决定。比较：

（1）<u>我</u>看过这本书，不过没看懂。

（2）<u>我</u>这本书看过，那本书没看过。

（3）<u>这本书</u>我看过，挺不错。

（4）<u>这本书</u>我看过，他没看过。

前两句的话题是"我"，后两句的话题是"这本书"。

当受事作话题，施事不出现的时候，就成了传统上所说的"意义上的被动句"。如：

<u>这本书</u>卖完了。

充当话题的，应该是已知的、确定的事物。所以，我们可以说：

<u>这本书</u>我很喜欢。

但是从来不说：

＊<u>一本书</u>我很喜欢。

再如下面两句中的"中国"和"她"也是话题：

（1）<u>中国</u>人口多，面积大，资源丰富。

（2）<u>她</u>头发长长的，眼睛大大的，戴一副眼镜，穿一条牛仔裤。

"人口多，面积大，资源丰富"都是在说明"中国"，"瘦瘦的，高高的，头发长长的，眼睛大大的"都是在说明"她"。

（二）焦点

一句话中，说话人认为比较重要的，希望引起听话人特别注意的内容，就是焦点。焦点往往处于句子的谓语部分，特别是谓语里动词后面的部分。比较：

(1) 他在很认真地看朋友写来的信。
(2) 他在看朋友写来的信，看得很认真。
(3) 他打碎了花瓶。
(4) 他把花瓶打碎了。

根据表达的需要，为了突出"认真"和"碎"，句子（2）和（4）把这些词移到了句末，作为表达的焦点。

"是……的"格式也是体现焦点的语法手段之一。比较：

(1) 他父母亲昨天来了。
(2) 他父母亲是昨天来的。

前一句的焦点在"来"，说话人认为"来"是需要告诉对方的新信息的重点。后一句"昨天"是焦点，说话人认为对方已经知道"他父母亲来了"，需要着重指出的是"来"的时间。

（三）句子的口气

句子可以有种种不同的口气，例如：肯定，否定，强调，弱化，夸张，委婉，感叹，迟疑，揣测，申辩，不满，惊奇等等。即使是同一种口气，还有种种细微的差异。口气的表达手段也是多种多样的，叹词、语气词和语气副词，某些固定格式，双重否定句，反问句等都是常见的手段。

1. 相当一部分叹词是专门用来表达某种口气的。如：

(1) 啊，伟大的母爱！
(2) 哎呀，你真是的！

2. 汉语里的语气词则是专职表示语气或口气的。如：

(1) 这件礼物他一定会喜欢的。
(2) 房间里太热了！
(3) 我当然会说上海话，我父母亲是上海人嘛。
(4) 还早呢，你着什么急！
(5) 他不会是出了车祸吧？

(6) 你呀，得加油哇！

(7) 不坐车怎么行？路远着呢！

(8) 我只是跟你开个玩笑罢了，你还当真？

3. 语气副词在表达口气方面发挥着重要的作用。如下面的例子都有一个分句"这件事我不知道"，但是加上不同的副词以后，句子的口气是不一样的，从上下文就可以看出来：

(1) 这事儿我可不知道，以后出了问题别来找我。

(2) 他们都搞错了，其实，这事儿我并不知道。

(3) 这事儿我又不知道，干吗问我？

又如：

(4) 他的表演简直太棒了，都赶上专业演员了！

(5) 孩子毕竟是孩子，你别要求太高。

(6) 听你这么一说，倒也不是没有道理。

4. 有一些固定格式，表示强调、夸张、不在乎等。如：

(1) 你连我也不认识了？

(2) 他连看都没看，就说不行。

(3) 我现在一分钱也没有。

(4) 春节我一天都没休息。

(5) 外面那个冷啊，简直冻死人！

(6) 那再好没有了。

(7) 以后我再也不相信他的话了。

(8) 你给我滚出去！

(9) 比就比，谁怕谁呀。

5. 双重否定，即一句话里通过两次否定表达肯定的意思。双重否定有的是为了表示强调口气，有的是为了表示某种委婉的口气。如：

(1) 他们是老同学，不可能没有联系。

(2) 他一再请我去，我不能不去。

(3) 听到这个消息，没有一个人不感到失望。

6. 反问句。反问句的特点是"无疑而问"，即用疑问句的形式，来表示自己明确的看法。否定形式的疑问句表示肯定意义，肯定形式的疑问句表示否定意义。如：

(1) 这怎么可以？　　　(=当然不可以。)

(2) 这怎么不可以？　　(=当然可以。)

反问句往往含有强调、不满、责怪等口气，带着比较强烈的感情色彩。

(1) 我给你寄了三封信，难道你都没收到？

(2) 我不是跟你说过吗？你怎么又忘了？

(3) 这么好的环境，你还不满意！

(4) 他为什么没来上课，你应该去问他自己，我怎么知道？

(5) 他一会儿一个主意，谁知道他究竟要干什么！

(6) 好大的口气！你是总统，还是总理？

（四）添加、省略和倒装

1. 添加

根据表达的需要，在句子里添加一些词语，这些词语表示特定的口气，或者表示应答、提示，或者带有补充说明的性质，它们不影响句子成分的结构关系，位置也比较灵活。添加的词语主要包括以下几类：

提醒注意，如：

(1) 你看，那不是老李吗！

(2) 她又在唱歌了，你听。

表示估量、判断，如：

(3) 看来，今年的经济情况没有去年好。

(4) 他好像不是本地人。

(5) 在这方面投资是值得的，我想。

表示强调，如：

(6) 这种人，说实话，我最看不起了。

(7) 不用说，他准又撞人了。

表示消息来源，如：

(8) 听说，他开了一家公司。

(9) 据报道，昨天晚上东海发生了一次地震。

从句子成分上说，它们属于独立成分。

2. 省略

在一定的语境中，某些成分可以不说出来，这就是省略。省略的成分是可以根据上下文或者特定的情境补出来的。如：

(1) A: 你明天去哪儿？

B: (我明天去) 北京。

(2) 我朋友打电话来，(她) 说她明天到。

(3) (我) 到了机场，我才发现忘了带机票。

(4) (我) 收到你的来信，十分高兴。

省略不影响句型的确定。如句子 (1) B 的回答，我们仍然认为它是一个主谓句，只不过主语"我"，状语"明天"，动词"去"省略了。

3. 倒装

在一定的语境中，临时改变句子的常规语序，如把谓语放在前面，主语放在后面，或者把动词放在前面，状语放在后面，等等，就是倒装。

倒装现象在口头表达中比较常见，移到句子后面的部分常常轻读，带有追加、补充的性质。它跟前面的部分尽管书面上有逗号，但是实际说的时候常常连得很紧。如：

(1) 来了吗，都？

(2) 你就去吧，明天。

(3) 买一个吧，您哪！

(4) 怎么卖啊，这苹果？

倒装现象也出现在书面语中，那往往是作者刻意安排的，具有明显的文学色彩，如：

(5) 他终于站起来了，慢慢地，坚定地。

(6) 信件像雪片一样飞来，从学校，从农村，从工厂，从兵营。

(7) 要警惕啊，善良的人们！

倒装不改变句子成分的性质。如 (1) 里的"都"尽管在句子末尾，但仍然是状语。

(五) 句子的复杂化

句子的复杂化有两种方式：一种是句子里包含了两个或两个以上的分句，成为复句；另外一种是，尽管是单句，但是内部的结构成分或结构关系特别复杂。

单句内部结构的复杂化，又可以分为两种情形：

1. 复杂短语甚至复句形式充当句法成分。如：

(1) 老人的幸福感来自温暖的家庭，安宁的生活，社会的关心，个人抱负的实现和爱好的满足。

(2) 那些从事体力劳动，而且一整天重复着相同的动作，身体姿势很少变化的人，休息的时候要特别注意活动几下动作较少的部位。

例句（1）中"来自"的宾语是一个由五个偏正短语组成的联合短语：

温暖的家庭，安宁的生活，社会的关心，个人抱负的实现和爱好的满足
　　　　　　　　　　联合短语

| 偏正短语 | 偏正短语 | 偏正短语 | 偏正短语 | 偏正短语 |

例句（2）中"人"的定语是一个复句形式：

从事体力劳动，｜ 而且一整天重复着相同的动作，‖ 身体姿势
　　　　　　　递进　　　　　　　　　　　　　　并列
很少变化。

2. 定语或状语的逐层递加，即偏正短语的层层套叠。如：

(1) 他刚才说的关于下一步工作的几点意见，我不完全同意。

(2) 房间里放着两个进口的高级牛皮沙发。

(3) 他流利地在笔记本上用中文写下了自己的名字。

(4) 你以前到底跟他发生过什么关系？

前两句的复杂性在于定语的递加。

他刚才说的关于下一步工作的几点意见
　　　　　　偏正短语
| 主谓短语 |　　　| 偏正短语 |
　　　　　| 介词短语 | 偏正短语 |

其中"几点"是"意见"的定语，"关于下一步工作"是"几点意见"的定语，"他刚才说"是"关于下一步工作的几点意见"的定语。

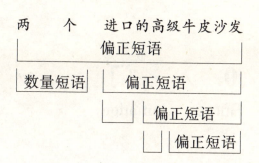

其中"牛皮"是"沙发"的定语,"高级"是"牛皮沙发"的定语,"进口"是"高级牛皮沙发"的定语,"两个"是"进口的高级牛皮沙发"的定语。

后两句的复杂性在于状语的递加。

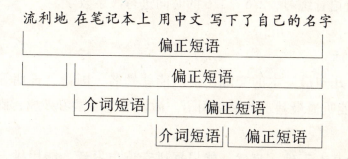

其中"用中文"是"写下了自己的名字"的状语,"在笔记本上"是"用中文写下了自己的名字"的状语,"流利"是"在笔记本上用中文写下了自己的名字"的状语。

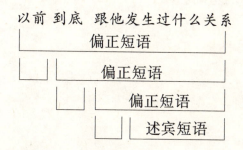

其中"跟他"是"发生过什么关系"的状语,"到底"是"跟他发生过什么关系"的状语,"以前"是"到底跟他发生过什么关系"的状语。

0. 入　门
Rùmén　Initiation

▶ **教学总体安排建议**

计划用一个月左右完成。

建议：《课本》第一和第七单元占的时间可少些，第一单元把汉语语音系统整体过一遍即可，第七单元是复习和测验。第二至第六单元是教学重点。建议每个单元用 1/6 的时间进行会话教学，1/6 的时间教语音，2/6～3/6 的时间进行语音练习，2/6～1/6 的时间进行汉字教学。

▶ **教学总体目标**

会话：学会几句最基本的交际用语。能就姓名、国籍、日期等内容进行简单问答，能听懂最基本的课堂用语。激发学生的学习兴趣，满足学生的交际欲望。

语音：发音基本正确、自然。能根据拼音读出发音，能用拼音记录听到的汉语片段，要求基本正确。打好口头交际的基础。

汉字：具有初步的汉字观念。通过汉字书写练习培养良好的书写习惯。能熟练书写四十个左右的汉字，书写自己的中文名字和国籍。笔画、笔顺正确。打好书面交际的基础。

▶ **教学重点**

语音基础。

汉字的笔画、笔顺。

0.1

▶ **总教学时间**

1~2 课时。

▶ **教学目标**

根据本教材"整体—细节—整体"的语音教学设计，本单元主要让学生对汉语拼音有一个整体了解，不苛求学生把每一个音都发准确。

▶ **教学重点**

e, ü, j, q, x, zh, ch, sh, z, c。
声调。

▶ **教学步骤**

1. 互相熟悉。如果学生还没有中文名字，暂时用原名。教师在课后为学生准备一个中文名字。
2. 介绍汉语的音节结构。
3. 学习声母、韵母，声韵拼合。
4. 学习声调。

▶ **教学参考**

一、发音器官图

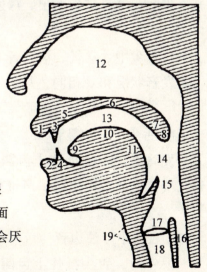

1. 上唇　2. 下唇　3. 上齿　4. 下齿　5. 齿龈
6. 硬腭　7. 软腭　8. 小舌　9. 舌尖　10. 舌面
11. 舌根　12. 鼻腔　13. 口腔　14. 咽头　15. 会厌
16. 食道　17. 声带　18. 气管　19. 喉头

二、发音要领

声母：

b 双唇、不送气、清塞音

发音时，双唇紧闭，阻塞气流，软腭上升，堵塞鼻腔通路，气流冲破阻碍部分，迸裂而出，爆发成音。声带不颤动。

p 双唇、送气、清塞音

发音状况和 b 相同，只是发音时迸出的气流较强。

m 双唇、浊鼻音

发音时，双唇闭合，软腭下垂，关闭口腔通道，使鼻腔通路开放，气流完全从鼻腔流出。声带颤动。

f 唇齿、清擦音

发音时，上齿与下齿相接触，舌头自然，软腭上升，关闭鼻腔通道，气流从齿唇间摩擦而出。声带不颤动。

d 舌尖中、不送气、清塞音

发音时，软腭上升，舌尖抵住上齿龈，阻塞气流，然后舌尖突然离开上齿龈，气流迸裂而出，爆发成音。声带不颤动。

t 舌尖中、送气、清塞音

发音状况和 d 相同，只是发音时迸出的气流较强。

n 舌尖中、浊鼻音

发音时，舌尖抵住上齿龈，软腭下垂，关闭口腔通道而打开鼻腔通道，气流从鼻腔中出来。声带颤动。

l 舌尖中、浊边音

发音时，舌尖抵住上齿龈，软腭上升，关闭鼻腔。气流从舌的一边或两边流出。声带颤动。

g 舌根、不送气、清塞音
发音时，软腭上升，舌根抬起，顶住硬腭和软腭的交界处，然后突然打开，气流迸裂而出，爆发成音。声带不颤动。

k 舌根、送气、清塞音
发音状况跟 g 相同，只是发音时迸出的气流较强。

h 舌根、清擦音
发音时，软腭上升，舌根抬起，接近软腭造成窄缝，气流从窄缝中挤出，摩擦成音。声带不颤动。

j 舌面前、不送气、清塞擦音
发音时，软腭上升，舌面前部上抬，抵住硬腭前部，堵塞气流通道，然后舌面慢慢离开硬腭，气流从窄缝中挤出。声带不颤动。

q 舌面前、送气、清塞擦音
发音状况和 j 相同，只是透出的气流较强。

x 舌面前、清擦音
发音时，软腭上升，舌面前部抬起，接近硬腭前部造成窄缝，气流从窄缝中挤出，摩擦成音。声带不颤动。

zh 舌尖后、不送气、清塞擦音
发音时，软腭上升，舌尖翘起，顶住或接近硬腭最前部，然后舌尖稍稍离开前硬腭造成窄缝，气流从窄缝中挤出。声带不颤动。

ch 舌尖后、送气、清塞擦音
发音状况跟 zh 相同，只是透出的气流较强。

sh 舌尖后、清擦音
发音时，软腭上升，舌尖向前，硬腭翘起，接近前硬腭，留出窄缝，气流从窄缝中挤出，摩擦成音。声带不颤动。

r 舌尖后、浊擦音
发音部位和发音方法都和 sh 相同，只是气流透出时，声带要颤动。

z 舌尖前、不送气、清塞擦音
发音时，软腭上升，舌尖前伸，抵住上齿背，然后舌尖稍稍离开上齿背，使气流从窄缝中挤出。声带不颤动。

c 舌尖前、送气、清塞擦音
发音状况与 z 相同，只是透出的气流较强。

s 舌尖前、清擦音
发音时，软腭上升，舌尖前伸，接近上齿背，留出窄缝，气流从窄缝中挤出，摩擦成音。声带不颤动。

韵母：
a 舌面、央、低、不圆唇元音
发音时，嘴张开，舌位低，舌头居中，舌面最高点偏后，不圆唇。

o 舌面、后、半高、圆唇元音
发音时，嘴微开，舌位半高，舌头后缩，舌根隆起对着软腭，唇稍拢圆。

e 舌面、后、半高、不圆唇元音
发音状况跟 o 相同，只是唇形需放扁。

i 舌面、前、不圆唇元音

发音时，唇形呈扁平，舌位高，前舌面向硬腭升起，用前舌面的两侧接触齿龈部和上颚。

u 舌面、后、高、圆唇元音

发音时，双唇拢圆，成一个小圆圈。舌头后缩，后舌面向软腭升起。

ü 舌面、前、高、圆唇元音

发音时，舌位高，前舌面向硬腭升起，用前舌面的两侧接触齿龈部和上颚。嘴唇呈一小圆孔状。

er

发音时，先发 e，然后舌尖后缩，翘起，但是不碰着上颚，嘴略开，再略关。

ai 前响二合元音

ai 中的 a，舌位比单念时靠前；ai 中的 i，舌位比单念时略低。发音时，舌位在 a 部位停留的时间较长，然后向 i 部位移动。

ei 前响二合元音

ei 中的 e，舌位比单念时的 ê 稍高、稍后；ei 中的 i，舌位同 ai 中的 i。发音时，舌位在 e 部位停留的时间较长，然后向 i 部位移动。

ao 前响二合元音

ao 中的 a，舌位比单念时稍后；ao 中的 o，舌位比单念时稍高，接近于 u。发音时，舌位在 a 部位停留时间较长，然后向 o 部位移动，双唇逐渐变圆。

ou 前响二合元音

ou 中的 o，舌位比单念时稍低、稍前；ou 中的 u，舌位也比单念时低些。发音时，舌位在 o 部位停留的时间较长，然后向 u 移动。

an

an 中的 a，舌位比单韵母 a 偏前，是前元音。发音时，先发 a 音，接着舌位逐渐上升，最后舌尖抵住上齿龈，这时软腭下垂，气流改从鼻腔出来，发出鼻音 n。

en

en 中的 e 是央、中元音。发音时，先发 e [ə]，接着舌位升高，舌尖抵住上齿龈，软腭下垂，气流从鼻腔出来，发出鼻音 n。

ang

发音时，先发后元音 a，接着舌根接触软腭，气流改从鼻腔通过，发出鼻音 ng。

eng

发音时，先发 e[ə]，接着舌根抬起，抵住软腭，气流从鼻腔出来，发出鼻音 ng。

ia 后响二合元音

发音时，先发一个轻而短的 i，然后舌位逐渐降低，口逐渐张开，由 i 向 a 滑动。

ie 后响二合元音

发音时，先发一个轻而短的 i，然后舌位逐渐降低，口逐渐张开，由 i 向 e 滑动。

iao 中响三合元音

发音时，先发一个轻而短的 i，然后过渡到 ao，a 的发音最响亮。

iou 中响三合元音

发音时，先发一个轻而短的 i，然后过渡到 ou，o 的发音最响亮。

ian

ian 中的 a，舌位比单韵母 a 高，接近于 ê，是前、半低元音。发音时，前面加一段由轻而短的 i 到 a 的发音动程。

in

发音时，先发 i，接着舌尖从下齿背升到上齿龈，这时小舌下垂，气流改从鼻腔出来，发出鼻音 n。

iang

发音时，加上一段从 i 到 a 的发音动程。

ing

发音时，先发 i，接着舌根抬起，抵住软腭，气流从鼻腔出来，发出鼻音 ng。

iong

iong 中的 i，音程很短。发音时，先发 i，唇形略圆，然后发 ong。

ua 后响二合元音

发音时，先发一个轻而短的 u，接着降低舌位，唇形逐渐展开而不圆，发出响而长的 a。

uo 后响二合元音

发音时，先发一个轻而短的 u，接着降低舌位，唇型逐渐展开而略呈圆形，发出响而长的 o。

uai 中响三合元音

发音时，先发一个轻而短的 u，然后过渡到 ai，a 的发音最响亮。

uei 中响三合元音
发音时，先发一个轻而短的 u，然后过渡到 ei，e 的发音最响亮。

uan
发音时，前面加一段由轻而短的 u 到 a 的发音动程。

uen
由 en 前面加 u 构成。发音时，在前面加一段 u 到 e[ə]的发音动程。

uang
发音时，加上一段从 u 到 a 的发音动程。

ueng
发音时，加上一段从 u 到 e[ə]的发音动程。

ong
发音时，先发 o，然后舌根接触软腭，气流从鼻腔出来，发出鼻音 ng。

üe 后响二合元音
发音时，先把唇拢起，舌头前伸抬高，发轻而短的 ü，然后变化唇形，逐渐展开，降低舌位，发出响而长的 e。

üan
üan 中的 a 同 ian 中的 a，接近于 ê，是前、半低元音。发音时，前加一段由轻而短的 ü 到 a 的发音动程。

ün
发音时，先发 ü，然后向 n 滑动。

三、关于标调

　　声调标在主要母音上，即：如果有 a，标在 a 上；如果没有 a，标在 o 上，如果没有 o，标在 e 上……，按照 a-o-e-i-u-ü 的顺序，依次类推 (但是 iu 的声调标在 u 上，如 diū)。

四、关于 ê

　　普通话语音系统中有 ê，仅用来作叹词。本教材不予列出。

0.2

▶ **总教学时间**
3课时。

会 话

▶ **教学时间**
15～25分钟。

▶ **教学目标**
学会最基本的打招呼的方式,能询问对方姓名和国籍。营造汉语气氛,给予学生成就感。

▶ **教学步骤**

1. 用汉语互致问候:你好!您好!
2. 听录音。
3. 跟读或领读。
4. 师生对话:你好!您贵姓?你叫什么名字?你是哪国人?
5. 学生分组练习。

导入课堂用语

上课。

下课。

现在休息一下。
现在继续上课。

语 音

▶ **教学时间**

教语音：25～35分钟。

语音练习：50分钟左右。

▶ **教学目标**

1. 掌握韵母 a o e i u ü；声母 b p m f d t n l。
2. 能在听觉上基本分辨四声。

▶ **教学重点**

e，ü。

声调。

▶ **教学步骤**

1. 从音节入手教韵母 a o e i u ü。
2. 从音节入手教声母 b p m f d t n l。
3. 声调教学。
4. 进行一些与意义结合的音节练习。如：

pà avoir peur de　pá grimper　pí peau　bù non　mǐ riz　tā il, elle
lù route　tǔ sol　nǐ tu　wǔ cinq　wù brouillard　yú poisson　yǔ pluie …

5. 做《练习册》中的练习。

（"记录音节"一题难度较高，供选择使用。）

《练习册》听力练习录音文本

▶ 听音辨音

1. 听后选择

   (1) A. pō   B. bō   (A)
   (2) A. dē   B. tē   (A)
   (3) A. ó   B. é   (B)
   (4) A. bō   B. dé   (B)
   (5) A. yí   B. yú   (A)
   (6) A. lì   B. lǜ   (B)
   (7) A. yǔ   B. wǔ   (A)
   (8) A. mō   B. mó   (B)
   (9) A. nà   B. ná   (A)
   (10) A. bǐ   B. bí   (A)
   (11) A. tā   B. tà   (A)
   (12) A. pì   B. pí   (B)

2. 听后填写声母

   (1) bà   (2) pà   (3) pō   (4) bō
   (5) dǎ   (6) tā   (7) tǔ   (8) dú
   (9) ná   (10) lā   (11) lì   (12) nǐ
   (13) mē   (14) nē   (15) fó

3. 听后填写韵母

   (1) mō   (2) mē   (3) nǐ   (4) nǚ
   (5) lì   (6) lǜ   (7) fó   (8) fú
   (9) tà   (10) tè

4. 听后标上声调

   (1) tā   (2) tá   (3) tǎ   (4) tà
   (5) dà   (6) dǎ   (7) dá   (8) dā
   (9) yī   (10) yí   (11) bǐ   (12) bì

(13) wū   (14) wú   (15) dǐ   (16) dì

(17) yǔ   (18) yú   (19) mā   (20) mǎ

(21) nǎ   (22) nà

5. 记录音节

(1) yǔ   (2) wù   (3) yī

(4) bù   (5) tǔ   (6) ná

(7) tā   (8) pà   (9) tǐ

汉 字

▶ **教学时间**

50 分钟左右。

▶ **教学目标**

1. 掌握本课九种基本的汉字笔画。

2. 学习按照正确的笔画、笔顺书写"一~十"十个数字。

3. 了解汉字的有关知识。

▶ **教学步骤**

1. 教 1~10 的说法。

2. 认读：汉字"一~十"。

3. 书写：汉字"一~十"。

4. 练习。

0.3

▶ **总教学时间**
3课时。

会 话

▶ **教学时间**
15～25分钟。

▶ **教学目标**
学习互相询问学什么外语以及在哪儿学习。培养关于汉语疑问句和状语位置的感性认识。

▶ **教学步骤**
1. 复习：你好！您好！你叫什么名字？你是哪国人？
2. 听录音。
3. 跟读或领读。
4. 师生对话：你学习什么？你在哪儿学习汉语？汉语难不难？
5. 学生分组练习。

导入课堂用语

请打开书，翻到第×页。

请听录音。
请跟我读。
请再说一遍。

语 音

▶ **教学时间**

教语音：25～35分钟。

语音练习：50分钟左右。

▶ **教学目标**

1. 掌握韵母 ai ei ao ou an en ang eng；声母 g k h。
2. 能在听觉上分辨四声。
3. 掌握轻声。

▶ **教学重点**

ai 和 ei、ao 和 ou、an 和 en、an 和 ang、en 和 eng 的区别。

可通过成组对比发音，强化区别。

▶ **教学步骤**

1. 复习。如：

　　yī　yí　yǐ　yì　　wū　wú　wǔ　wù

　　yū　yú　yǔ　yù　　bǎ　pò　mǐ　fū　dé　tā　nǐ　lù

2. 从音节入手教韵母 ai ei ao ou an en ang eng ong。

　上述韵母与已学声母可组成的音节，如：

　　bái blanc　mǎi acheter　lái venir

　　bēi verre, tasse　děi devoir, falloir　dāo couteau

　　lǎo vieux　tōu voler　lóu bâtiment

　　nán difficile　lán bleu　fēn minute, centime　tāng soupe

fēng vent　　lěng froid　　néng pouvoir

dōng est　　dǒng comprendre

3. 从音节入手教声母 g k h。

4. 进行一些与意义结合的音节练习，如：

kāi ouvrir　　hǎi mer　　gěi donner　　hēi noir

gāo haut, grand　　hǎo bon　　gǒu chien　　kǒu bouche

gàn faire　　gān sec　　kàn regarder, voir, lire

gēn racine　　hěn très　　gāng acier　　kòng vide　　hóng rouge

5. 轻声教学。如：

nǐmen　　bàba　　tā de

6. 做《练习册》中的练习。

（"记录音节"一题难度较高，供选择使用。）

《练习册》听力练习书面材料

▶ 听音辨音

1. 听后选择

　　（1）A. gǔ　　　　　B. kǔ　　　　　（A）

　　（2）A. gān　　　　 B. gēn　　　　（B）

　　（3）A. kǎo　　　　B. kǒu　　　　（A）

　　（4）A. dǎi　　　　B. děi　　　　（A）

　　（5）A. tán　　　　B. táng　　　　（B）

　　（6）A. lóng　　　　B. léng　　　　（B）

　　（7）A. kǎo　　　　B. kào　　　　（A）

　　（8）A. gān　　　　B. gàn　　　　（B）

　　（9）A. hǎo　　　　B. hào　　　　（B）

　　（10）A. máng　　　B. màng　　　（A）

　　（11）A. tāi　　　　B. tài　　　　（B）

　　（12）A. dǒng　　　B. dòng　　　（A）

2. 听后填写声母

(1) gāi (2) kāi (3) gǎo (4) kǎo
(5) hěn (6) fēn (7) háng (8) fáng

3. 听后填写韵母

(1) bǎi (2) běi (3) pǎo (4) pǒu
(5) màn (6) mèn (7) táng (8) téng
(9) tóng (10) kǎ (11) kāi (12) kào
(13) kàn (14) kàng (15) hē (16) hēi
(17) hěn (18) héng

4. 听后标上声调

(1) gāo (2) gáo (3) gǎo (4) gào
(5) kāfēi (6) bāngmáng (7) gāokǎo (8) kānwù
(9) láodòng (10) téngtòng (11) nénggòu (12) fènnù
(13) dàodé (14) pàodàn (15) dàfēng (16) tānlán
(17) bōtāo (18) hánlěng

5. 记录音节

(1) hóng (2) kěn (3) gàn (4) gāi (5) gǒu
(6) nèibù (7) mánglù (8) bāohán (9) gēnběn

6. 标出轻声音节

(1) gēge (2) kěyǐ (3) bōli (4) dāngàn
(5) yīkào (6) yīfu (7) hóulóng

汉 字

▶ **教学时间**

50 分钟左右。

▶ **教学目标**

1. 掌握本课的汉字笔画。

2. 学习按照正确的笔画、笔顺书写"人、大、口、中、小、上、下"七个汉字。

3. 了解汉字的有关知识。

▶ 教学步骤

1. 复习"一～十"十个汉字。听写这十个汉字。

2. 认读：人 大 口 中 小 上 下

3. 书写上述汉字。

4. 练习。

0.4

▶ **总教学时间**
3课时。

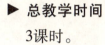

▶ **教学时间**
15～25分钟。

▶ **教学目标**
学习询问处所。

▶ **教学步骤**
1. 复习：你好！你叫什么名字？你是哪国人？你学习什么？你在哪儿学习？汉语难不难？
2. 听录音。
3. 跟读或领读。
4. 学生分组练习。

导入课堂用语

这是什么意思？
……怎么说？
……怎么写？

语音

▶ 教学时间

教语音：25~35分钟。

语音练习：50分钟左右。

▶ 教学目标

1. 掌握韵母 ia ie iao iou ian in iang ing iong ü üe üan ün；声母 j q x。

2. 能在教师指导下发准单音节的四种声调。

3. 掌握第三声的变调，能在教师指导下基本读准含有第三声变调的词语。

▶ 教学重点

以 ü 开头的韵母。可先从复习 0.2 的 yu 入手。

舌面音 j, q, x。

ü 上两点省略时不要与 u 混淆。如：ju 和 jiu, qu 和 qiu, xu 和 xiu。

上声（第三声）的变调，特别是上声变半上声。

▶ 教学步骤

1. 复习。如：

gāi gǎi gěi hēi kào kǎo kōu kǒu

hán hǎn gēn gēn káng kàng héng gòng kòng

2. 从音节入手教韵母 ia ie iao iou ian in iang ing iong ü üe üan ün。

上述韵母与已学声母可组成的音节，如：

bǐ stylo   dī bas   bié ne pas…

piào ticket   diào tomber, perdre   niǎo oiseau   niú vache

biàn changer   nián année

    tiān ciel, jour　nín vous　liáng frais　bìng maladie　nǚ féminin

3. 从音节入手教声母 j q x。

4. 进行一些与意义结合的音节练习。如：

    jiā maison, famille　jiē rue　xiě écrire　qiáo pont　jiàn voir

    qiān mille　qióng pauvre　jìn entrer　xīn nouveau

    xiǎng penser　xiāng parfumé　xióng ours　qū district, quartier

    xiūxi se reposer　xuéxí apprendre, étudier

    qiánmiàn avant　jiànmiàn se rencontrer

    juédìng décider　quánlì pouvoir (n.)　qūbié différence

5. 第三声的变调。规则：

$$214+55 \Rightarrow 211+55$$
$$214+35 \Rightarrow 211+35$$
$$214+51 \Rightarrow 211+51$$
$$214+214 \Rightarrow 35+214$$

    hěn hǎo　très bien

    kǒuyǔ langue parlée　yǐngxiǎng influencer

    hěn gāo très haut　hěn nán très difficile　hěn dà très grand

    jiějué résoudre　xuǎnzé choisir

    tǔdì sol, terre　bǐjiào comparer

    yǔyī imperméable　měi tiān tous les jours

    重点练习上声变半上声的情况。可先让学生单独读前一个音节，把前一个音节读得轻一点、短一点，像读轻声那样。然后快速接上第二个音节。

    6. 练习。

▶ **教学参考**

    j，q，x 只能与齐齿呼（i 或以 i 开头的韵母）以及撮口呼（ü 或以 ü 开头的韵母）相拼合。故组合在一起教学。

    齐齿呼、撮口呼韵母不能与 g，k，h 相拼。

    j，q，x 与合口呼（u 或以 u 开头的韵母）不能相拼，所以 ju，qu，xu 等里的"u"一定是 ü，不可能是 u。

iou前有声母时，写作iu。在实际发音时，第一声、第二声的iou的实际发音接近于iu，在第三声、第四声音节中，由于音长相对较长，消失的o会重现。

《练习册》听力练习录音文本

▶ 听音辨音

1. 听后选择

   (1) A. jiā   B. qiā   (A)
   (2) A. jiǒng   B. qióng   (B)
   (3) A. gāo   B. jiào   (B)
   (4) A. kàn   B. quán   (B)
   (5) A. hǎo   B. xiǎo   (A)
   (6) A. qiú   B. qú   (A)
   (7) A. jiǔ   B. jǔ   (B)
   (8) A. xiān   B. xuān   (B)
   (9) A. qīn   B. qūn   (A)
   (10) A. jiě   B. jué   (B)
   (11) A. jiā   B. jiǎ   (A)
   (12) A. xué   B. xuě   (B)
   (13) A. jiàng   B. jiǎng   (A)
   (14) A. xiào   B. xiǎo   (A)

2. 听后填写声母

   (1) qiē   (2) jiě   (3) qián   (4) jiàn
   (5) xíng   (6) qǐng   (7) jīng   (8) jiātíng
   (9) xuéxiào   (10) jiānqiáng

3. 听后填写韵母

   (1) bié   (2) piāo   (3) diū   (4) nián
   (5) lín   (6) xià   (7) xiǎng   (8) qǐng

(9) jiǎng   (10) liánjiē   (11) biāojì   (12) xiōngdì

(13) jiǎngjiu   (14) juéliè   (15) quēxiàn   (16) qīnlüè

4. 听后标上声调

(1) jīqì   (2) jiūjìng   (3) jiānbìng

(4) pínqióng   (5) míngliàng   (6) língdāng

(7) qiánmiàn   (8) miànbāo   (9) qìfèn   (10) xiàwǔ

5. 记录音节

(1) jǐ   (2) jù   (3) jiǔ   (4) qì

(5) qū   (6) qiú   (7) xǐ   (8) xí

(9) xiū   (10) qiě   (11) jūn   (12) xuǎn

(13) jiǒng   (14) qíjì   (15) yǎnqián   (16) xiāngyān

(17) yánjiū   (18) jiànmiàn

汉 字

▶ **教学时间**

50 分钟左右。

▶ **教学目标**

1. 掌握本课的汉字笔画。

2. 学习按照正确的笔画、笔顺书写"国、学、习、汉、语、文、写、字"。

3. 了解汉字的有关知识。

▶ **教学步骤**

1. 复习。听写：人 大 口 中 小 上 下

2. 认读：国 学 习 汉 语 文 写 字

3. 书写：国 学 习 汉 语 文 写 字

4. 介绍合体字的部件和构架。

5. 练习。

0.5

▶ 总教学时间
3课时。

会 话

▶ 教学时间
15～25分钟。

▶ 教学目标
学习询问"多少钱?"这个问句。对于汉语的量词有一个初步的感性认识。

▶ 教学步骤
1. 复习：你好！你叫什么名字？你是哪国人？你学习什么？你在哪儿学习？汉语难不难？××（学生名字）在哪儿？

2. 听录音。

3. 跟读或领读。

4. 师生情景对话（准备实物）。

5. 学生分组练习。

导入课堂用语

请读/写/翻译一下。

对不对？

语音

▶ **教学时间**

教语音：25～35分钟。

语音练习：50分钟左右。

▶ **教学目标**

1. 掌握韵母 u ua uo uai uei uan uen uang ueng；声母 z c s。
2. 复习、巩固第三声的变调。

▶ **教学重点**

z，c 的发音。可用法语的 dzêta 里的 dz，tsé-tsé 里的 tsé（但是 dz 是浊音，z 是清音）类比。

区别 zi, ci, si 和 ji, qi, xi。

不要把 zi, ci, si 里的 i 看作[i]。以音节为单位的教学有助于避免这种错误。

▶ **教学步骤**

1. 复习。如：

   jiā jiě qiáo qiú xìn xiǎng jiǒng jiǔ jū què xuǎn yún

2. 从音节入手教韵母 u ua uo uai uei uan uen uang ueng。

   上述韵母与已学声母可组成的音节，如：

   bù non duō beaucoup guài bizarre kuài rapide

   huā fleur huài mauvais huí revenir duàn briser kuān large

   huàn changer gǔn rouler, va-t-en guāng lumière huáng jaune

3. 从音节入手教声母 z c s。

z c s 与 j q x 对比，如：

zìjǐ soi-même　bízi nez　bǐjì notes　jīdàn œuf

zǐdàn balle(de fusil)　cíqì porcelaine　sījī chauffeur

z, c, s 与已学韵母的拼合，如：

zài encore　cāi deviner　cǎo herbe

yánsè couleur　fùzá compliqué　cānjiā participer, assister

fàngsōng relaxer　zěnme comment

4. 进行一些与意义结合的音节练习。如：

zū louer　cuò faute　zuǐ bouche　suān acide　cūn village　wǒ je

wǎn bol　wèn demander　wáng roi　wǔ cinq　wù brouillard

zuótiān hier　wàibiān dehors　suǒyǐ donc, sūnzi petit-fils

5. 练习。

▶ 教学参考

z, c, s 不能与齐齿呼、撮口呼相拼，也不能与开口呼韵母 o, ei, 合口呼的 ua, uai, uang, ueng 相拼。

《练习册》听力练习录音文本

▶ 听音辨音

1. 听后选择

　　(1) A. zì　　　B. cí　　　(A)

　　(2) A. cū　　　B. zú　　　(A)

　　(3) A. zì　　　B. jǐ　　　(B)

　　(4) A. cí　　　B. qì　　　(A)

　　(5) A. zūn　　B. jūn　　(B)

　　(6) A. cuān　B. quán　(A)

　　(7) A. cán　　B. tán　　(A)

　　(8) A. sǎo　　B. xiǎo　(B)

　　(9) A. cǎo　　B. qiáo　(B)

(10) A. zǒu   B. zuò   (A)
(11) A. gān   B. guǎn   (B)
(12) A. kěn   B. kǔn   (B)
(13) A. kēi   B. kuī   (B)
(14) A. cuò   B. cuō   (A)
(15) A. wén   B. wèn   (A)
(16) A. zuǐ   B. zuì   (A)
(17) A. cí   B. cì   (B)

2. 听后填写声母

(1) zā   (2) jiā   (3) cān   (4) qián   (5) sǎo
(6) xiǎo (7) zìxí   (8) zìsī   (9) cíqì   (10) jīqì
(11) míngcí (12) míngqì

3. 听后填写韵母

(1) kǎ   (2) kuā   (3) kuài   (4) kuān
(5) kuāng (6) hēi   (7) huì   (8) hěn
(9) hūn   (10) guǎn (11) guǎng (12) dōu
(13) duó (14) tóu   (15) tuó   (16) gōngzuò
(17) cuīcù (18) zǐsūn (19) cānguān (20) tóukuī
(21) huāngliáng

4. 听后标上声调

(1) kuājiǎng   (2) kuānguǎng   (3) tuōlā
(4) zuòyè   (5) jìsuàn   (6) kuàisù
(7) nuǎnhuo   (8) cuǐcàn   (9) wěidà
(10) guójiā   (11) huídá   (12) wándàn

5. 记录音节

(1) wēnhé   (2) wākǔ   (3) wēifēng
(4) cāngkù   (5) cídiǎn   (6) sēnlín
(7) yuánzé   (8) kuānkuò   (9) jiéhūn

汉字

▶ 教学时间

50分钟左右。

▶ 教学目标

1. 掌握本课的汉字笔画。
2. 学习按照正确的笔画、笔顺书写"女、子、好、水、门、王"。
3. 了解汉字的有关知识。

▶ 教学步骤

1. 复习。听写：中国　学习　汉语　中文　写汉字

2. 认读：女　子　好　水　门　王

3. 书写：女　子　好　水　门　王

4. 介绍汉字的有关知识：

两个或几个字合成一个字。

两个或几个字组成一个词。自由的字，黏着的字（在语言学的严格意义上，这里指的是语素。即能独立成词的语素和不能独立成词的语素）。字的意义与词的意义的复杂关系。

5. 练习。

0.6

▶ **总教学时间**
3 课时。

会 话

▶ **教学时间**
15～25 分钟。

▶ **教学目标**
学习询问星期几，学习"今天"、"明天"、"昨天"、"上课"等词语。对于汉语动词的否定形式以及缺少形态变化有一个初步的感性认识。

▶ **教学步骤**
1. 复习：你好！你叫什么名字？你是哪国人？你学习什么？你在哪儿学习？汉语难不难？××（学生名字）在哪儿？这个东西汉语怎么说？多少钱？
2. 听录音。
3. 跟读或领读。
4. 师生对话：昨天/今天/明天星期几？上不上课？
5. 学生分组练习。

导入课堂用语

请看黑板。

现在听写。

现在做练习。

今天的作业是……

语音

▶ **教学时间**

教语音：25～35分钟。

语音练习：50分钟左右。

▶ **教学目标**

1. 掌握韵母er；声母zh ch sh r。
2. 学习儿化韵。

▶ **教学重点**

区别zhi, chi, shi 和 zi, ci, si 以及 ji, qi, xi。

不要把zhi, chi, shi 里的 i 看作 [i]。音节教学有助于避免这种错误。

▶ **教学步骤**

1. 复习。如：

   zuò cuò zuì cuī suān sǔn zāng sāng

   guā kuài huáng zài sǎo còu

2. 从音节入手教声母zh ch sh r。如：

   zhǐ papier zhīdao savoir chī manger chí en retard

   shì être shī poème

   Rìběn Japon Xīngqīrì dimanche

   zhè ce zhǐ seulement chē véhicule chī manger

   rè chaud rì jour

   shítou pierre shétou langue shí dix shé serpent

shuí qui shuǐ eau shū livre shuō parler shōu recevoir

chuān habiller chuán bateau chuāng fenêtre chuáng lit

ruǎn souple rén personne cháng long

zhōng milieu, moyen zhǎo chercher

shān montagne shàng dessus

zhuōzi table zhǔnbèi préparer Chūnjié Fête du printemps

rúguǒ si

zhi chi shi, zi ci si, ji qi xi 对比练习：

zhīshi connaissance zìsī égoïste shísì quatorze sìshí quarante

shǎoshù minorité xiǎo shù petit arbre

lǎoshī professeur lǎo xì une pièce du théâtre ancien

3. 教韵母 er。

èr deux érzi fils

4. 儿化韵。

zhèr ici nàr là-bas nǎr où huār fleur wánr jouer

5. 练习。

▶ 教学参考

zh, ch, sh 不能与齐齿呼、撮口呼相拼，也不能与开口呼韵母的 o 相拼。

zh, ch, sh 是在 z, c, s 的基础上加上卷舌动作，所以放在 z, c, s 之后教。并与 er 以及儿化韵安排在一起。

《练习册》听力练习录音文本

▶ 听音辨音

1. 听后选择

　　(1) A. zhǐ　　　　B. chí　　　　　　　　　(B)

　　(2) A. zhì　　　　B. zì　　　　　　　　　 (A)

　　(3) A. chí　　　　B. cí　　　　　　　　　 (A)

(4) A. zhī B. jī (B)
(5) A. chì B. qì (A)
(6) A. shí B. xí (B)
(7) A. rì B. rè (A)
(8) A. chuān B. quān (B)
(9) A. shào B. xiào (B)
(10) A. shā B. shān C. shāng (B)
(11) A. chán B. chuán C. chuáng (C)
(12) A. chī B. chē C. chū (A)
(13) A. piāo B. piǎo C. piào (C)
(14) A. zhāng B. zhǎng C. zhàng (B)
(15) A. chōng B. chóng C. chòng (A)
(16) A. chū B. chú C. chù (B)
(17) A. cí B. cǐ C. cì (C)

2. 听后填写声母

(1) zhī (2) jī (3) zì (4) cì (5) qí
(6) chí (7) xí (8) sǐ (9) shì (10) xǐshǒu
(11) cūnzhuāng (12) ránshāo (13) chāngshèng

3. 听后标上声调

(1) shīcí (2) tūrán (3) cāicè (4) zāoyù
(5) cóngróng (6) rénmíng (7) rúguǒ (8) shúxī
(9) rè'ài (10) suànshù (11) chìzé (12) shìshí
(13) zhǔnbèi (14) shuǐwēn (15) chǔlǐ (16) shěnchá

4. 记录音节

(1) zhīdao (2) chīfàn (3) shísì (4) rìjì
(5) érqiě (6) shōusuō (7) zhōngchéng (8) shuāiluò
(9) huār (10) wánr

汉 字

▶ **教学时间**

50分钟左右。

▶ **教学目标**

1. 掌握本课的汉字笔画。
2. 学习按照正确的笔画、笔顺书写"日、月、木、马、田、天"。
3. 了解汉字的有关知识。

▶ **教学步骤**

1. 复习。听写：子女 女人 好人 大水 门口 国王
2. 认读：日 月 木 马 田 天 明 林 妈 河
3. 书写：日 月 木 马 田 天 明 林 妈 河
4. 介绍造字法。
5. 练习。

0.7

▶ 总教学时间

3~4课时。

会 话

▶ 教学时间

15~25分钟。

▶ 教学目标

学习询问日期。

▶ 教学步骤

1. 复习：你好！你叫什么名字？你是哪国人？你学习什么？你在哪儿学习？汉语难不难？××（学生名字）在哪儿？这个东西汉语怎么说？多少钱？今天星期几？明天你们上不上课？明天你们上课吗？

2. 听录音。

3. 跟读或领读。

4. 师生问答：昨天/今天/明天几月几号？

5. 学生分组练习。

语 音（复习）

▶ 教学时间

总结：10分钟左右。练习：50分钟左右。测试：15~25分钟。

《练习册》听力练习录音文本

▶ 听音辨音

1. 听后选择

(1) A. zhǎo   B. zǎo   C. jiào   D. qiáo   (A)
(2) A. gān   B. kàn   C. jiàn   D. quán   (C)
(3) A. fú   B. hǔ   C. xū   D. sù   (C)
(4) A. pǎo   B. pèi   C. pái   D. pǒu   (D)
(5) A. māo   B. miáo   C. miù   D. miàn   (B)
(6) A. zhōu   B. zhuō   C. zhū   D. zhāo   (B)
(7) A. yú   B. wǔ   C. yún   D. wěn   (D)
(8) A. xuǎn   B. xiān   C. xún   D. xìn   (A)
(9) A. láng   B. lěng   C. lóng   D. lǐng   (D)
(10) A. diē   B. diū   C. diàn   D. diào   (A)
(11) A. juān B. juán   C. juàn   D. juǎn   (A)
(12) A. hóng B. hǒng   C. hòng   D. hōng   (A)
(13) A. chuǎng B. chuāng C. chuàng D. chuáng (A)
(14) A. nào   B. nǎo   C. náo   D. nāo   (B)
(15) A. huān B. huán   C. huàn   D. huǎn   (C)

2. 听后填写声母

(1) bǎ   (2) pá   (3) dé   (4) tè   (5) fēn
(6) hèn   (7) màn   (8) lán   (9) nán   (10) rán
(11) gāo (12) kào (13) jiǔ (14) zǔ   (15) zhū
(16) qiú (17) cū   (18) chū (19) xiù (20) shǔ

3. 听后填写韵母

(1) pà   (2) pāi   (3) pǎo   (4) pàn   (5) páng
(6) gē   (7) gěi   (8) gēn   (9) gèng (10) tóu
(11) tuō (12) tòng (13) jī   (14) jiā (15) jiàn
(16) jiǎng (17) jié (18) jiǔ (19) jìn (20) jīng

(21) jiǒng (22) jù (23) jué (24) juān (25) jūn
(26) hǔ   (27) huā (28) huàn (29) huáng (30) huài
(31) hùn   (32) huì

4. 听后标上声调

(1) chūntiān   (2) ānquán   (3) gāokǎo   (4) chēngzàn
(5) shúxī   (6) shíxí   (7) tuántǐ   (8) huángdì
(9) chǎnshēng   (10) zǒngcái (11) yǒngyuǎn (12) kěndìng
(13) rìguāng   (14) wèntí   (15) duìwǔ   (16) jìsuàn
(17) piàoliang (18) zhuōzi

5. 记录音节

(1) cāntīng   (2) chōngfèn (3) yuēhuì   (4) juānxiàn
(5) yōuxiù   (6) hūrán   (7) zhīshi   (8) zìjǐ
(9) cìjī   (10) qíjì   (11) jìshù   (12) tuánjié
(13) yúchǔn   (14) fǎngwèn (15) niúnǎi

6. 记录句子

(1) Guāng dǎ léi, bú xià yǔ.
(2) Tā chī táng, wǒ hē tāng.
(3) Nǐ xuéxí, wǒ xiūxi.
(4) Qǐng zhùyì ānquán.
(5) Guò le qiáo, cháo qián zǒu.
(6) Wàimiàn hēigulōngdōng de, wǒ hàipà.

汉 字（复习）

▶ 教学时间

50 分钟左右。

▶ 教学步骤

复习。听写：日 月 木 马 田 天 明 林 妈 河

指导学生书写自己的姓名。

介绍汉字知识：偏旁。简体字和繁体字。

做《汉字本》练习。

▶ 练习答案

一、写出含有下列偏旁的汉字：

  （女字旁儿）　好　妈

  （三点水儿）　汉　河

  （言字旁儿）　语

  （木字旁儿）　林

  （日字旁儿）　明

二、在下面的汉字基础上增加笔画，把它变成另外一个汉字：

  大　天　中　木

三、补上丢失的笔画，使之成为一个汉字：

  上　下　门　水　马　学　习　九

语音试卷（一）

I. Écrivez les initiales et les finales que vous entendez: 56%

(1) __ēn __ǎo   (2) __ài __óu
(3) __ài __ù   (4) __ǎn __ǎi
(5) __ǔn __é   (6) __ǎo __uàng
(7) __ún __uì   (8) __ǔn __ī
(9) __ōu __uō   (10) __iǎng __āng
(11) __ī __ǐ   (12) __ù __ù
(13) __ū __ì   (14) __iǎng __òu
(15) __ī __iǎng   (16) __ā __uī

(17) b____ j____   (18) x____ q____
(19) h____ b____   (20) h____ d____
(21) y____ q____   (22) j____ y____
(23) q____ q____   (24) sh____ sh____
(25) d____ zh____   (26) j____ q____
(27) k____ ch____   (28) j____ q____

II. Marquez le ton que vous entendez: 24%

(1) chuanglian   (2) caochang   (3) fangxiang   (4) guojia
(5) renmin   (6) maobi   (7) xuexiao   (8) diandeng
(9) baozhi   (10) shulin   (11) xiju   (12) daban

III. Écrivez les syllabes que vous entendez : 20%

(1) _____   (2) _____
(3) _____   (4) _____
(5) _____   (6) _____
(7) _____   (8) _____
(9) _____   (10) _____

语音试卷（二）

I. Écrivez les initiales et les finales que vous entendez: 56%

(1) __ìng__ái   (2) __ái__ēng
(3) __á__ì   (4) __āo__ǎng
(5) __ōng__ù   (6) __èng__iàn
(7) __ì__ē   (8) __ǎo__ìng
(9) __è__uān   (10) __ěn__ùn
(11) __iū__ì   (12) __ū__ù
(13) __ùn__ù   (14) __ī__ì
(15) __úe__īn   (16) __ǔ__ìng

(17) j___l___   (18) p___t___
(19) g___g___   (20) p___l___
(21) g___g___   (22) d___g___
(23) sh___f___   (24) q___t___
(25) z___zh___   (26) zh___ch___
(27) j___l___   (28) n___x___

II. Marquez le ton que vous entendez: 24%

(1) tongxue   (2) yueguang   (3) kuangshan   (4) fanwan
(5) heshui   (6) didian   (7) dongxi   (8) piaoliang
(9) zhuyi   (10) meiguan

III. Écrivez les syllabes que vous entendez: 20％

(1) _____   (2) _____
(3) _____   (4) _____
(5) _____   (6) _____
(7) _____   (8) _____
(9) _____   (10) _____

语音试卷（一）（教师用卷）

一、听录音，记录声母或韵母：56%　28 × 2

(1) bēnpǎo　　(2) dàitóu　　(3) tàidu　　(4) gǎnkǎi
(5) zhǔnzé　　(6) cǎochuàng　(7) chúncuì　(8) sǔnshī
(9) shōusuō　(10) jiǎngzhāng　(11) zhījǐ　(12) qùchù
(13) chūqì　　(14) xiǎngshòu　(15) sīxiǎng　(16) fāhuī
(17) bùjú　　(18) xīqí　　(19) hēibǎn　(20) huāduǒ
(21) yāoqiú　(22) jiéyuē　　(23) quèqiè　(24) shàngshān
(25) duānzhuāng　　　　　(26) jiānqiáng
(27) kūnchóng　　　　　　(28) jiànquán

二、记录声调：24%　12 × 2

(1) chuānglián　(2) cāochǎng　(3) fāngxiàng　(4) guójiā
(5) rénmín　　(6) máobǐ　　(7) xuéxiào　(8) diàndēng
(9) bàozhǐ　　(10) shùlín　　(11) xìjù　　(12) dǎban

三、记录音节：20%　10 × 2

(1) yǔyán　　(2) yàoshi　　(3) yǒuyòng　(4) hǎiyáng
(5) yīnyuán　(6) duōyún　　(7) Ōuzhōu　(8) wǔdǎo
(9) wàiguó　(10) wánquán

语音试卷（二）（教师用卷）

一、听录音，记录声母或韵母：56%　28×2

　　(1) bìngpái　　(2) táidēng　　(3) zázhì　　(4) cāochǎng
　　(5) sōngshù　　(6) zhèngjiàn　　(7) qìchē　　(8) sǎoxīng
　　(9) kèguān　　(10) shěnxùn　　(11) xiūshì　　(12) chūqù
　　(13) xùnsù　　(14) jīqì　　(15) juéxīn　　(16) chǔjìng
　　(17) juéliè　　(18) pēitāi　　(19) guāguǒ　　(20) piāoliú
　　(21) guāngguāng　　(22) dàngāo　　(23) shǒufā　　(24) quántiān
　　(25) zūnzhòng　　(26) zhèngcháng　　(27) juànliàn　　(28) nǚxìng

二、记录声调：24%　12×2

　　(1) tóngxué　　(2) yuèguāng　　(3) kuàngshān　　(4) fànwǎn
　　(5) héshuǐ　　(6) dìdiǎn　　(7) dōngxi　　(8) piàoliang
　　(9) zhùyì　　(10) měiguān

三、记录音节：20%　10×2

　　(1) yànyǔ　　(2) xūyào　　(3) yóujú　　(4) yuànyì
　　(5) yǒnggǎn　　(6) tiàoyuè　　(7) wěidà　　(8) guǎiwān
　　(9) wénxué　　(10) lǐjiě

汉字试卷（一）

I. Écrivez en chinois les chiffres de un à dix：

_____ _____ _____ _____ _____

_____ _____ _____ _____ _____

II. Écrivez les caractères chinois d'après le *pinyin*:

xuéxí étudier

_____

Hànyǔ chinois

_____

míngtiān demain

_____

xiǎo hé petite rivière

_____

rénkǒu population

_____

mǎshàng tout de suite

_____

nǚwáng reine

_____

hǎo bon

_____

答案
I. 一 二 三 四 五 六 七 八 九 十
II. 学习 汉语 明天 小河 人口 马上 女王 好 （每个字4分）

汉字试卷（二）

I. Écrivez en chinois les chiffres de un à dix:

____ ____ ____ ____ ____

____ ____ ____ ____ ____

II. Écrivez les caractères chinois d'après le *pinyin*:

xuéxí étudier   Zhōngguó la Chine

_____   _____

hé shuǐ l'eau de la rivière   míngyuè la lune claire

_____   _____

zǐnǚ enfants   mùmǎ cheval de bois

_____   _____

xiě Hànzì écrire les caractères chinois

_____

答案
I. 一 二 三 四 五 六 七 八 九 十
II. 学习 中国 河水 明月 子女 木马 写汉字   （每个字4分）

第一课
Dì-yī kè Leçon un

▶ **教学时间**

3~6课时。下同。

▶ **教学目标**

掌握本课词语。
学习语言点："不"的变调，疑问句。
学习询问姓名、国籍、说什么语言及其回答。
了解中国人的姓名特点，"汉语"、"中文"、"普通话"的含义。

▶ **教学重点**

1. 词语重点：不 也 都 只。
2. 语法重点：疑问句什么时候用"吗"，什么时候不用"吗"。

▶ **教学步骤**

1. 词语教学。

(1) 词语认读。

(2) 词语例释：

们：表示"群"的概念。如：

　　我们 你们 他们 她们　同学们 老师们

(在口语里没有"您们")

姓：动词或名词，常常作动词。如：

　　您贵姓？ 我姓王。

(作名词如：中国人的姓有六百个左右。)

叫：

　　你叫什么名字？我们叫他王老师。

名字：可作狭义的理解，指 prénom，也可作广义的理解，指 nom et prénom.

是 /叫 /说：汉语没有形态变化。如：

　　我是美国人。　　他是美国人。　　我们是美国人。

　　我说汉语。　　他说汉语。　　我们说汉语。

不/ 也/ 都/ 只：都是副词，要放在动词（或形容词）前面。如：

　　我不说汉语。　　我也说汉语。　　我们都说汉语。　　我只说汉语。

　　我不是美国人。　　我也是美国人。　我们都是美国人。

还是：ou, 用于疑问。如：

　　你说汉语还是说法语？

　　你是加拿大人还是法国人？

吗：加到一个陈述句后面，把它变成一个疑问句。如：

　　你是法国人吗？

　　你说汉语吗？

　　您是张老师吗？

呢：用在名词性短语后面，构成一个省略形式的疑问句，具体意思要依赖上文。如：

　　您贵姓？

　　我姓张，你呢？

　　我姓马。

2. 课文教学。

(1) 学习课文（一）：

听录音，理解内容。

提问：白小红是哪国人？王英是哪国人？

跟读。（提示"不"的变调）

学生分配角色读。

表演：初次认识。

(2) 学习课文（二）：

听录音，理解内容。

提问：老师叫什么名字？学生叫什么名字？

江山、马力、王英是哪国人？

他们说英语还是法语？老师呢？

跟读。（提示"不"的变调）

学生分配角色读。

3. 语法教学。

提问（法语）：

汉语的疑问句的顺序是怎么样的？跟陈述句一样不一样？

看下面的几个句子，什么时候要用"吗"，什么时候不能用"吗"：

他说汉语吗？

他说不说汉语？

他叫什么名字？

他说汉语还是法语？

结论：陈述句后加"吗"，就成了疑问句，它是一个 question à réponse par oui ou par non。"X 不 X"格式的问句，带疑问词的问句，用"还是"的问句，均不用"吗"。

4. 做练习，布置作业。

练习可选择其中一部分。

听力部分有意安排了一些生词，目的是（1）增强真实感，（2）锻炼学生跳跃障碍，抓住要点的能力。第一册的听力理解部分，考虑到学生汉语能力有限，并为了避免学生汉字认读能力对训练听力水平的束缚，在听完句子以后用法语提问，学生可用汉语或法语回答。

出于同样的考虑，阅读理解部分也有意安排了一些生词。

▶ 教学参考

1. 本课语法点看似多，实际上主要是两点：(1)"不、也、都、只"在动词前。(2) 疑问句什么时候用"吗",什么时候不用"吗"。

由于汉语 S-V-O 的语序跟法语一致，不必专门学习。疑问句语序跟陈述句一致，大大降低了疑问方式在学习上的难度。选择疑问句实际上只是一个词汇问题（知道在疑问句里法语的 ou 汉语说成"还是"就行了）。正反问句和"NP+呢"也不难学。而且，入门阶段已经让学生接触了有关词语和语法现象，也降低了难度。

"不、也、都、只"放在动词前，"不"在第四声前读第二声，规则明确，不难明白，关键在于培养习惯。而要成为脱口而出的习惯，需要大量实践、不断强化。

文化点供学生阅读，不必讲。

由于《汉字本》提供了详细的生字书写规则，因此在课时较少的情况下，课堂上可以不讲。

"们"的用法，是非问句和正反问句的差别等，可不必讲，除非学生提问时个别回答。在出现错误时，再有针对性地讲。

2. "他们"和"她们"

"她们"仅指女性，但是"他们"不仅指男性。有男有女，也统称"他们"。

3. "们"

汉语的"们"跟法语的复数标记 -s 不一样。

首先，表示动物、事物的名词后面不能用"们"。如：

　　*狗们　　*桌子们

即使是指人的名词，不用"们"的时候也不一定只是一个，也可能是很多个。例如：

　　(1) 学生都来了。
　　(2) 学生们都来了。

(1) 和 (2) 都对，意思是一样的。"们"可以用,也可以不用,从后面的"都"可以看出，这里的"学生"不止一个。

有的时候，虽然名词指的是很多人，但是不能用"们"，如果用了

"们",反而错了。动词"是"的宾语、"有"的宾语不能用"们"。名词前面如果已经有了表示数量的词语,也不能用"们"。如:

  (3) *这些人都是我的朋友们。

  (4) *房间里有很多人们。

  (5) *这三个学生们我都不认识。

(3)、(4)、(5)都不能用"们"。

4. "都不"和"不都"

  "都不"和"不都"意思不一样。如:

  他们都不是中国人。 Personne n'est Chinois.

  他们不都是中国人。 Ils ne sont pas tous Chinois.

《练习册》听力练习书面材料

Ⅲ 1. 我们老师姓王,我也姓王。我叫他王老师,他叫我小王。
  Quel est le nom de l'orateur?

2. A: 你说英语还是说法语?
 B: 我不说英语,也不说法语。我只说汉语。
 Est-ce qu'il parle français?

3. A: 你是哪国人?
 B: 我是美国人。你呢?
 A: 我也是。
 Quelle est leur nationalité?

4. A: 李老师,您好!
 B: 对不起,我不姓李。
 A: 什么?您不姓李?那……您姓什么?

Quelle erreur le garçon a-t-il commise ?

5. A: 你是哪国人？

   B: 我不知道。中国人说我是加拿大人，加拿大人说我是中国人。

   La fille est-elle Canadienne ou Chinoise ?

6. A: 你好！我姓张，他们都叫我小张，我在加拿大留学。

   B: 你好！我叫陈东，我是小张的同学。我去年刚来加拿大。

   C: 你好！我的中文名字是马林，我会说一点儿汉语，我的汉语不太好。

   D: 你好！我姓高，叫高丽敏，我是华裔，我爸爸妈妈会说广东话。

   Combien y a-t-il de personnes qui parlent ? Quel est leur nom ?

《练习册》练习答案

II 2 (1) 是　　(2) 姓　　(3) 叫　　(4) 说　　(5) 也 都
   (6) 也 都　(7) 吗 呢

II 3 (1) 他不是汉语老师。
   (2) 他不说英语。
   (3) 他们都不是加拿大人。

II 4 (1) 我是美国人。
   (2) 她也是美国人。
   (3) 他不是美国人。
   (4) 你叫什么名字？

II 5 (1) 他是你同学吗？／他是不是你同学？
   (2) 他说汉语吗？／他说不说汉语？

(3) 他是张老师吗？／他是不是张老师？

II 6 (1) 我只说汉语。

(2) 你叫什么名字？

(3) 你是中国人吗？／你是不是中国人？

(4) 你说英语还是法语？

(5) 我不姓王，我姓张。

《汉字本》练习答案

一、他 她
　　好 字 学
　　还 您
　　吗 妈 们

二、(单人旁儿) 你 们 他 什
　　(言字旁儿) 语 说
　　(女字旁儿) 好 妈 她 姓
　　(口字旁儿) 吗 呢 叫 哪
　　(心字底儿) 您
　　(走之儿)　 还

三、我 老 名 是 都

四、学 (学习、同学)　　　　字 (名字，汉字)
　　师 (老师)　　　　　　　同 (同学)
　　语 (汉语、英语、法语)　　还 (还是)

五、你叫什么名字？
　　他是你老师还是你同学？
　　他们也学习汉语。

第二课

Dì-èr kè Leçon deux

▶ **教学目标**

掌握本课词语。

学习语言点：形容词谓语句，名词/代词修饰另一个名词。

学习表示寒暄的方式，表示请求的方式，能较迅速地读、记号码，询问处所，询问状况，表示评价。

了解中国人的传统做客、待客礼仪。

▶ **教学重点**

1. 词语重点：在（在……学习/工作） 给（给……打电话/发电子邮件） 可以 怎么样。

2. 语法重点：形容词做谓语时不用"是"。

▶ **教学步骤**

1. 听写上一课内容。

（1）写拼音：

   Tā shì wǒ tóngxué.

   Wǒ bù shuō Pǔtōnghuà.

   Nín shì Zhāng lǎoshī ma?

（2）写汉字：

   我不是中国人。

   你说不说汉语？

   他是汉语老师吗？

2. 词语教学。

(1) 认读词语。

(2) 词语例释：

认识：

你认识不认识他？

我不认识他。

高兴：

他很高兴。

他不高兴。

很高兴认识你！／认识你（我）很高兴！

学习：

你学习什么？

我学习汉语。

工作：动词或名词。如：

你工作不工作？

我在公司工作。

我的工作很好。

在：动词或介词。如：

你在哪儿？（动词）

你在哪儿工作？（介词）

哪儿／哪里，这儿／这里，那儿／那里：

"哪儿、这儿、那儿"是口语风格，"哪里、这里、那里"是书面语风格。

你在哪儿学习？／你在哪里学习？

电话：

电话号码

打电话

给他打电话

电子邮件：

发电子邮件

给他发电子邮件

可以：表示许可，后面跟动词或动词短语。如：

可以给你打电话吗？　　可（以）不可以给你打电话？

我给你打电话，可以吗？　我给你打电话，可（以）不可以？

可以给你发电子邮件吗？　可（以）不可以给你发电子邮件？

给你发电子邮件，可以吗？给你发电子邮件，可（以）不可以？

男 / 女：放在名词前面，或者放在"的"前面。如：

男朋友 / 女朋友 / 男老师 / 女老师

我们的老师是男的。

男的坐这儿，女的坐那儿。

朋友：好朋友 / 老朋友 / 男朋友 / 女朋友 / 我的老朋友 / 他的好朋友

请：请进 / 请坐 / 请喝茶

怎么样：

×××大学怎么样？　　×××大学很好。　×××大学很大。

×××怎么样？　　　　×××很漂亮。

×××（地名）怎么样？　×××很漂亮。

你的公司怎么样？你喜欢不喜欢？（告诉学生不必试图翻译"Je l'aime."中的 le，只要说"我喜欢"就够了。）

你的工作怎么样？好不好？

3. 课文教学。

(1) 学习课文（一）：

听录音，理解内容。

提问：雅克工作不工作？在哪儿工作？

　　　白小红工作吗？她在哪儿学习？（注意回答时地点状语的位置）

　　　白小红的电话号码是什么？

跟读。

学生分配角色读。

表演：初次认识。打招呼，询问在哪儿学习或工作，询问是否可以给对方打电话或发电子邮件。

(2) 学习课文（二）：

听录音，理解内容。

提问：江山的女朋友叫什么名字？

江山的中国朋友叫什么名字？

张园园在哪儿学习？

东方学院怎么样？

张园园喜欢不喜欢东方学院？

跟读。

学生分配角色读。

表演：做客。

4. 语法教学。

(1) 比较：

　　　　Elle est jolie.

　　　她　很　漂亮。

提问（法语）：这两个句子有什么区别？

简单介绍汉语的形容词谓语句。

学生互相问答：××怎么样？××很……

(2) 比较：

J'étudie au Département d'études de l'Asie de l'Est de l'Institut d'Orient d'Angleterre.

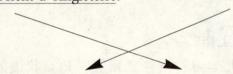

我在英国东方学院东亚系 学习。

(3) 比较：

电话　　　　号码

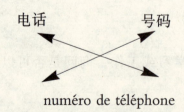

numéro de téléphone

Leçon deux 第二课

提问（法语）：中法文两个句子在语序上有什么区别？
汉语句子里状语的位置在动词之前，处所的表达顺序是从大到小。
学生互相问答：你在哪儿学习/工作？ 我在……学习/工作。

5. 做练习。布置作业。

▶ 教学参考

1. 本课词语和汉字量较大，但语法量不大。

地点状语放在动词前，规则本身并不复杂，但是要成为学习者下意识的言语习惯，需要长时间的不断的实践。在前一课所学语法规则"不、也、都"用在动词前的基础上，如果进一步掌握地点状语的位置（使之成为能力而不只是知识），则可以为今后学习其他状语打下良好的基础。

形容词作谓语的问题，同样也是一个逐渐养成习惯的问题，要有意识地反复地实践。

本教材不把"能愿动词"作为一个词类的语法点来处理，而是作为个别词的用法处理。本课先出"可以"。

2. "大、小、漂亮"等，也有学者主张看作 verbe d'état，但是考虑到下面的因素，本教材还是称之为 adjectif。（1）仅仅在词汇表中标作 verbe d'état，并不能引起学生的足够重视，并不能就此避免学生说出"他是好"这样的错句。（2）把这些词标作 verbe d'état，在遇到"好老师、好学生"这样的语言现象时，解释起来就比较别扭。而充当定语正是形容词的典型功能。（3）改成 verbe d'état，其本意是想把它们与法语的 Adjectif 区别开来，如果标作 verbe d'état / Adjectif，那么还是无法突显差异。（4）事实上，形容词作谓语不用"是"，这个规律一点不难理解，难的是习惯的培养，即把知识转化为技能，这需要长期、反复地练习。

3. "认识你很高兴"也可以说"很高兴认识你"。老式的说法是"幸会幸会"，已不多见。"久仰久仰"则是对名人说的（"久仰大名"）。作为一个外国人，对中国人说"很高兴认识你"是得体的。受英语影响，在正式场合，汉语为母语的人也会说这样的话。

4. 汉语形容词作谓语时，前面不是绝对不出现"是"。（1）像"我们学校是很漂亮的"这样的句子，是："我们学校很漂亮"+"是……的"结构，表示一种肯定的口气。（2）像"这个学校是漂亮"这样的句子，"是"重读，表示同意、赞成、附和，一般看作副词。如：

今天真热。

是啊，是够热的。

5. "男"和"女"标为形容词，但是跟大部分形容词不同，汉语语法学界称之为"非谓形容词"或"区别词"。这样的词只能用在名词前，或"……的"中，不能单独作谓语。如：

那是一位男老师。

我们的老师是男的。

*我们的老师是男。

6. 汉语的介词是从动词虚化而来的，因此很多介词还兼属动词，如"在"：

你在哪儿？（动词）

你在哪儿学习？（介词）

也有学者把这两个"在"都看作动词。

7. "这是我的女朋友"也可以说"这位是我的女朋友"，后者更正式。

8. 法语 il ou le 的使用频率大大高于汉语的"它"。例如，il est bon. Je l'aime. 汉语一般说：很好，我很喜欢。用 le 的地方汉语常常用一个名词或干脆省略。

9. "东亚学系"是严密的说法，口语里也常常说"东亚系"。

《练习册》听力练习书面材料

II 5 （2）听写电话号码：

    610610   2346789   9880433

    3421679   5437891   5609718

    86-21-65483324   86-10-79865342

III 1. A: 我可以给您打电话吗？

    B: 你可以给我发电子邮件。

    Préfère-t-il le téléphone ou l'e-mail ?

2. A: 请问，你的电话号码是多少？

    B: 6768943。

    A: 多少？

    B: 6-7-6-8-9-4-3。

    A: 什么？6-4-6-8-7-4-3，是不是？

    A-t-il entendu le bon numéro ?

3. A: 喂，张先生在吗？

    B: 在……不不，他说他不在。

    Est-ce que M. Zhang est là ?

4. A: 你在路易大学学习吗？

    B: 不，我在路易大学工作。

    La personne est-elle le professeur ou l'étudiant ?

5. A: 你们的大学怎么样？

    B: 不大，也不漂亮。

    Comment est son université ?

6. A: 你喜欢你们的汉语老师吗？

   B: 他们喜欢，我不喜欢。

   Est-ce que tout le monde aime le professeur chinois ?

7. A: 喂，你好！

   B: 你好！你在哪儿？

   A: 我在英国。

   B: 是吗？你也在英国？你在英国哪儿？

   A: 我在英国伦敦。你呢？

   B: 我也在伦敦。

   A: 哈，这世界真小！

   Est-ce que ces deux personnes sont dans la même ville ?

《练习册》练习答案

II 2 (1) 打　(2) 发　(3) 认识　(4) 工作　(5) 喝

II 3 (1) 我在进出口公司工作。
   (2) 他是我们的老师。
   (3) 我是东亚学系的学生。
   (4) 我可以给你打电话吗？/ 我可以打电话给你吗？

II 6 (1) 很高兴认识你！/ 认识你（我）很高兴！
   (2) 请进！
   (3) 我在路易大学东亚（学）系学习。
   (4) 他（的）女朋友很漂亮。
   (5) 他们（的）大学很大，也很漂亮。

IV 3　请进！　请坐！　请喝茶！

《汉字本》练习答案

一、哪　这　们　他／她

二、（提手旁儿）打
　　（心字底儿）怎　您
　　（木字旁儿）样
　　（言字旁儿）认　识　话　请　谢　说　语
　　（三点水儿）漂　汉　河
　　（单人旁儿）他　你　件　们　什
　　（双人旁儿）很
　　（走之儿）　进　这　还

三、很　在　以　可　的　作　坐

四、亮　（漂亮、明亮）　　　高　（高兴）
　　兴　（高兴）　　　　　　姓　（姓名、贵姓）
　　打　（打电话）　　　　　大　（大学）
　　这　（这儿、这里）　　　还　（还是）
　　说　（说汉语、说话）　　话　（电话、中国话）
　　学　（学习）　　　　　　字　（汉字、名字、写字）

五、这是我女朋友。
　　你在哪儿工作？
　　那儿怎么样？

第三课
Dì-sān kè Leçon trois

▶ **教学目标**

掌握本课词语。

学习语言点:"一"的变调,称数法,量词,动词短语的连用。

学习询问数量,询问年纪,询问原因,表示意愿。

了解中国家庭的一般结构。

▶ **教学重点**

1. 词语重点:有 个 几 多少 两 想。
2. 语法重点:数词和名词之间要用量词,称数法。

▶ **教学步骤**

1. 听写上一课内容。

(1) 写拼音:

Wǒ kě bu kěyǐ gěi nǐ dǎ diànhuà?

Nǐmen de dàxué zěnmeyàng?

Hěn gāoxìng rènshi nǐ!

(2) 写汉字:

他在大学工作。

这是我的女朋友。

她很漂亮。

2. 词语教学。

(1) 认读词语。

(2) 词语例释:

有／没有：表示领有或存在。"有"的否定是"没有"。
　　你有男／女朋友吗？　你有没有男／女朋友？
　　你有没有中国朋友／日本朋友／美国同学／汉语老师／……？
　　你家／你们学校／你们公司／那儿／这儿有多少人？
　　他们学校没有东亚系。
　　那儿没有汉语老师。

个／口：量词。
　　一个人／三个同学／五个老师
　　我家有四个／口人。（谈论家庭成员时可以用"口"，也可以用"个"。）

几／多少："几"用于询问十以下的小数目,后要用量词；"多少"可以单用,后面也不一定跟量词。如：
　　你家有几个人？
　　你们学校有多少人？

二／两：2 在量词前作"两"。如：
　　两个人／　十二个人／　二十个人

地方：
　　一个地方／　这个地方／　小地方／　好地方
"什么地方"，就是"哪儿"。如：
　　你家在哪儿？　你家在什么地方？
　　你是哪儿人？　你是什么地方人？

多大：问年纪。如：
　　你多大？
　　我二十一岁。
对小孩子也可以问："你几岁？"如：
　　你几岁？
　　我五岁。

学校：指大学、中学、小学等。

想：有三个意思：penser, vouloir (faire qch) 和 croire。如：

　　　　我想那是一个好地方。（croire）

　　　　我想，他不是中国人。（croire）

　　　　我想去中国。（vouloir）

　　　　我想给你发电子邮件，可以吗？（vouloir）

　　　　你为什么想学习汉语？（vouloir）

　　　　我想你。（penser）

多 / 少：用在名词前时，不能单独说"多"、"少"，得说"很多"、"不少"：

　　　　我们学校有很多学生。/ 我们学校有不少学生。

否则，就把"多"、"少"放在名词后面，作谓语。如：

　　　　我们学校学生很多。

　　　　我们学校学生不多。

　　　　我们学校学生很少。

　　　　我们学校学生不少。

　　　　我们学校学生多，他们学校学生少。

　　　　你们学校学生多不多？

为什么：

　　　　你为什么工作？

　　　　你为什么不想去那儿？

让：

　　　　老板让我去中国工作。

　　　　老板不让我去中国工作。

3. 课文教学。

(1) 学习课文（一）：

听录音，理解内容。

提问：白小红和丁汉生是什么地方人？

　　　　丁汉生家有几口人？哪五口？

　　　　丁汉生的孩子多大/几岁？她很可爱吧？

跟读。

学生分配角色读。

表演：互相询问家庭情况。（学生不一定如实说，可以是虚拟的。）

(2) 学习课文（二）：

听录音，理解内容。

提问：张老师的学校有多少学生？

有多少人学习汉语？

雅克想不想学习汉语？

他想去哪儿学习汉语？

他为什么想学习汉语？

跟读。

学生分配角色读。

表演：谈学校（有多少学生，有多少人学习汉语，你为什么想学习汉语）。

4. 语法教学。

比较：

(1) J'ai deux amis.

  我 有 两 个 朋友。

(2) Il y a 14000 étudiants dans notre école.

  我们学校 有 一万四千个学生。

注意：(1) 汉语"有"字句与法语的两种句式相对应。

   (2) 汉语里的数词和名词之间要用量词。

   (3) 汉语有"万"这一单位。

5. 做练习。布置作业。

▶ **教学参考**

1. 学生常常会忘记使用量词，混淆"二"和"两"等。因此应该大量用"有"字句进行对话练习，如"你有几个美国朋友"之类，让学生养成习惯。

把"没有"从一开始就作为一个词语单位进行教学，以避免"不有"的错误。

由于入门阶段在学习日期表达法时已经涉及了二位数，本课只要把重点放在"万"的表达上就行。在练习大数目的时候，告诉学生把数目分成四个数字一组（法语则是三个数字为一组），四个零为万，八个零为亿。即：

0000，0000，0000

亿　　万

如 123456789，则分为：1，2345，6789。读为：

一亿　　二千三百四十五万　　六千七百八十九

关于动词短语的连用，只要理解就行。由于汉语动词没有非谓形式，在句法上比法语简单。

2. "你们学校有多少学生"也可以说"在你们学校，有多少学生"。但是存在句句首的处所词语往往不带介词，又如：桌子上有一本书。

3. 关于"二"和"两"

（1）用在量词前：

量词为度量衡单位时，用"二"、"两"均可。但是中国传统的度量衡单位（亩、斗、斤等）多用"二"，新出现的度量衡单位（米、公里、平方米等）多用"两"。在量词"两"前用"二"：二两米饭。

一般量词前用"两"：两件衣服。

（2）用在位数词前：

"十"前只能用"二"；"百"、"千"、"万"、"亿"位于数列中间时，一般用"二"，处于开头时，"百"前用"二"，"千"、"万"、

"亿"前通常用"两"。

（3）序数、分数、小数以及基数的个位数，用"二"。如：二月、二楼、三分之二、三点二四、四十二。

《练习册》听力练习书面材料

II 4 （2）听写数字：

   100   1000   1200
   10000 12000 10 0000
   100 0000   1300 0000

III 1. A: 你一个人在这儿吗？

  B: 不，我一家人都在这儿。

  Est-ce que sa femme est ici aussi ?

2. A: 你孩子是男的还是女的？

  B: 女的。

  A: 你喜欢男孩还是女孩？

  B: 男孩和女孩我都喜欢。

  Préfère-t-il le garçon ou la fille ?

3. A: 她漂亮吗？

  B: 不漂亮，但是很可爱。

  Comment la trouve-t-il ?

4. A: 老先生，您大概有七十岁吧？

  B: 我孩子六十四了。

  Quel âge a la personne d'après vous ?

5. A: 加拿大有多少人?

   B: 三千多万。上海有多少人?

   A: 一千六百万。

   Combien d'habitants y a-t-il à Shanghai ?

6. A: 我想学习汉语。

   B: 为什么?

   A: 我女朋友的爸爸、妈妈是中国人。

   Pourquoi veut-il apprendre le chinois ?

7. A: 你想去中国工作吗?

   B: 我很想去。但是老板不让我去。

   Est-ce qu'il va être envoyé en Chine par son entreprise ?

《练习册》练习答案

II 2 (1) 个 (2) 口/个 (3) 岁 (4) 几 (5) 多少 (6) 两 (7) 二

II 3 (1) 你家有几口人?
      (2) 你有几个中国朋友?
      (3) 你们学校有多少学生?
      (4) 我想去中国工作。
      (5) 老板让我去中国工作。

II 5 (1) 他有两个中国朋友。
      (2) 他有很多中国朋友。/ 他中国朋友很多。
      (3) 他没有中国朋友。
      (4) 他们学校没有汉语老师。
      (5) 我们学校有很多汉语学生。

(6) 你们学校有没有学生学习汉语？/ 你们学校有学生学习汉语吗？

《汉字本》练习答案

一、妈　名　他 / 她

二、方 (fāng)　　万 (wàn)　　家 (jiā)　　字 (zì)
　　名 (míng)　　岁 (suì)　　小 (xiǎo)　　少 (shǎo)
　　姓 (xìng)　　生 (shēng)　　人 (rén)　　个 (gè)

三、为　爱　爸　两　家　校　想

四、地（地方）　　　爱（可爱、爱人）
　　校（学校）　　　生（学生）
　　没（没有）　　　多（多少）
　　因（因为）

五、你太太是什么地方人？
　　你为什么想学习汉语？
　　我们学校有一千三百个学生。

第四课

Dì-sì kè Leçon quatre

▶ **教学目标**

掌握本课词语。

学习语言点：指—数—量结构，汉语的基本句型（前三课语法的复习和深化）。

学习询问原因，表示请求，表示指别。

大致了解中国的人口、面积和主要城市名称。

▶ **教学重点**

1. 词语重点：一下（"看一下"） 要 能 张 本 比较 非常。

2. 语法重点："指—数—量"结构：这/那/哪 （+ 数词）+量词 +名词。

▶ **教学步骤**

1. 听写上一课内容。

(1) 写拼音：

Tā hěn kě'ài.

Tā èr shí yī suì.

Wǒ xiǎng qù nǐmen xuéxiào xuéxí Hànyǔ.

(2) 写汉字：

你有没有中国朋友？

你家在哪儿？

你们学校有多少学生？

2. 词语教学。

地图：
  一张地图
词典／书：
  一本词典／一本书
  中文词典／英文书／英汉词典／汉英词典
笔：
  一支笔
本子：
  一个本子
谁：
  他是谁？
这／那：
  这是什么？ 那是什么？
  这本书／那本词典
看：
  看地图／看词典／看书／看朋友

一下：用在动词之后，表示短时少量，在表示建议的时候有缓和语气的作用。如：
  请你看一下。
  请你写一下。
  让我看一下，可以吗？
  我能不能用一下？
行：
  我用一下你的词典，行不行？
  行。／不行，我要用。
能：表示许可或能力，本课表示许可。后面跟动词或动词短语。如：
  我能不能用一下你的词典？（我可不可以用一下你的词典？）
  可以。／行。
回答时不用"能"。
要：后面跟名词或动词，表示意愿、打算。如：
  你要法文词典还是中文词典？

这是北京地图，你要不要看一下？

你要干什么？

我要给他打一个电话。

我要去上课。

有用：

很有用 / 非常有用

知道：

我知道 / 我不知道

真：用于感叹句，表示程度高。如：

真好！ / 真漂亮！

表示 vrai, vraiment 的意思时，要说"真的"。如：

那个东西真的很好。

你真的想去那个公司工作吗？

是真的吗？

意思：

这个字是什么意思？

我不知道课文的意思。

有意思 / 没有意思：

这本书很有意思。

那本书没有意思。

上汉语课有意思吗？

比较 / 非常：

不好 / 比较好 / 很好 / 非常好

干：

干什么

你想干什么？

你喜欢干什么？

你看地图干什么？（你为什么看地图？）

玩儿：

请你来我家玩儿。

Leçon quatre 第四课

我不喜欢工作，我喜欢玩儿。

我想去北京玩儿。

3. 课文教学。

(1) 学习课文（一）：

听录音，理解内容。

提问：马力有没有中国地图？

白小红有没有中国地图？有几张？是法文的还是中文的？

马力为什么想看中国地图？

他想去北京干什么？

白小红的家在哪儿？"龙山"是什么意思？这个名字怎么样？

跟读。

学生分配角色读。

(2) 学习课文（二）：

听录音，理解内容。

提问：教室里有几本词典？

那本汉法词典是谁的？那本法汉词典呢？

那本法汉词典怎么样？

马力想干什么？

跟读。

学生分配角色读。

表演：询问领属，并请求借用。

4. 语法教学。

(1) 这/那/哪 + Num. + M.W. + N.

翻译：un dictionnaire   deux dictionnaires   ce dictionnaire   ces deux dictionnaires

把几个人的书放在一张桌子上，提问：

哪本书是你的？这本还是那本？

(2) 汉语基本句型小结：

NP+VP

NP+AP

请学生念课本上的例句。

▶ 教学参考

1. "的"字在结构功能上相当于名词性短语。严格地说，不能用省略中心语来解释。但是从教学上看，从中心语省略的角度导入，比较容易理解。如：这是我的词典 —— 这是我的。

本课没有大的语法项目，词汇也比较简单。作为第一册八课中的中间一课，希望能起到复习、休整的作用。

2. "这"、"那"、"哪"在口语里常常说成：zhèi, nèi, něi。从来源上说，是"这一"、"那一"、"哪一"的合音。例如：zhè yì běn→zhèi běn。

3. "真+Adj"表示感叹，不能用作定语。如：
这个地方真大！ *这是一个真大的地方！

4. "请问"跟"请进"在语义结构上不同。"请进 / 请坐 / 请喝茶"是"请你进来 / 请你坐下 / 请你喝茶"，"请问"是"请允许我问你一下"。这是古汉语表达方式的遗迹。

《练习册》听力练习书面材料

Ⅲ 1. A: 你有地图吗？
B: 我有一张美国地图，一张中国地图。
Qu'est-ce qu'il a?

2. A: 这本词典是你的吗？
B: 不是，这是赵老师的。

Leçon quatre 第四课

À qui est le dictionnaire ?

3. A: 你看中国地图干什么?
   B: 我想去北京。
   A: 哦,我知道了,老板让你去北京工作,是吗?
   B: 不是。我想去北京玩儿。
   Pourquoi la personne veut-elle regarder la carte de la Chine ?

4. A: 这本书有意思吗?
   B: 很有意思。
   A: 能不能让我看一下?
   B: 当然可以。
   Que pense-t-elle du livre ?

5. A: 我可以用一下你的词典吗?
   B: 对不起,我要用。
   Est-ce que la femme a prêté son dictionnaire à l'homme ?

6. A: 有中国地图吗?
   B: 有。有法文的中国地图,也有中文的中国地图。你想看中文的还是法文的?
   A: 法文的。
   Quel genre de carte voulait-il regarder ?

7. A: 汉语有用吗?
   B: 你问我?
   A: 是啊。
   B: 很多人问我。
   A: 有用吗?
   B: 很有用。在中国,很有用。

103

A: 那当然。在这儿呢?
B: 也很有用。
A: 是吗?
B: 我女朋友不会说英语,她说法语。我不会说法语,我只会说英语。我们都学习汉语。我们用汉语聊天儿。

Pourquoi le garçon pense que le chinois est utile?

《练习册》练习答案

II 2 (1) 玩儿 (2) 知道 (3) 问 (4) 用 (5) 下
(6) 本 (7) 个 (8) 张 (9) 本 (10) 支

II 3 (参考答案)
(1) 那个地方很大,也很漂亮。/ 不大,也不漂亮。
(2) 他英语好,法语不好。
(3) 他们学校老师比较少,学生非常多。

II 4 (1) 我喜欢这个,不喜欢那个。
(2) 这张中国地图很有用。
(3) 这本词典很好。
(4) 我能不能用一下你的词典?
(5) 这两本词典是谁的?

《汉字本》练习答案

一、 干 (gàn)　　千 (qiān)　　同 (tóng)　　词 (cí)
　　 木 (mù)　　本 (běn)　　较 (jiào)　　校 (xiào)
　　 问 (wèn)　　门 (mén)

二、图 要 看 真 能 书

三、（国字框儿）　图 国
　　（王字旁儿）　玩
　　（草字头儿）　茶 英
　　（言字旁儿）　谁 课 词 说 话 语 请
　　（走之儿）　　这 还 道
　　（双人旁儿）　行 很

四、常（非常、常常）　　比（比较）
　　图（地图）　　　　　用（有用）
　　道（知道）　　　　　课（上课、下课、课本、课文）

五、他给我一张地图。
　　能不能给我看一下？
　　这本书非常有用。

第五课

Dì-wǔ kè Leçon cinq

▶ 教学目标

掌握本课词语。

学习语言点：动词重叠，定语。

学习询问价钱，作出选择，表示能力、意愿、许可。

认识人民币，了解在中国购物、就餐的一般情形。

▶ 教学重点

1. 词语重点：会　能　一点儿　太（"不太……"，"太……了！"）还（"还要什么"）东西（"买东西"）。

2. 语法重点："的"的用法。

▶ 教学步骤

1. 听写上一课内容。

（1）写拼音：

Nàr méiyǒu lóng, zhǐ yǒu shān.

Wǒ dāngrán zhīdao tā de yìsi.

Zhè běn cídiǎn bú shì lǎoshī de.

（2）写汉字：

他是谁？

我可以看一下你的地图吗？

这本词典非常有用。

2. 词语教学。

先生 / 小姐 / 太太：

    先生   一个先生   王先生   您（的）先生

    小姐   一个小姐   王小姐

    太太   王太太   老太太   你（的）太太

会：

    你会说汉语吗？

    你会写汉字吗？

"能"表示"许可"，特定条件是否允许。但是"会"表示的能力是经过学习以后获得的技能。比较：

    你会说汉语吗？

    我能不能给你打电话？

    我不能吃辣的。

一点儿：

    买一点儿东西   写一点儿汉字   说一点儿汉语

    看一点儿书   有一点儿钱

还：表示有所补充。如：

    他会说英语，还会说法语。

    他想买衣服，还想买裤子。

红 / 白（蓝 绿 黄 黑）：

    红衣服 / 白衬衫

    这是红的。

    我喜欢白的。

东西：

    买东西 / 什么东西

    ××的东西贵不贵？

不太…… / 太……了：

    太贵了！

    非常贵

    很贵

    比较贵

不太贵

不贵

衬衫：

一件衬衫

裤子：

一条裤子

试：

试（一）试 / 试一下

钱：

多少钱？

他有很多钱。

买：

你要买什么东西？

卖：

他们商店卖什么东西？

最：

最好 / 最好吃 / 最漂亮 / 最贵 / 最便宜

等：

请等一下。 / 请等一等。

3. 课文教学。

(1) 学习课文（一）：

听录音，理解内容。

提问：雅克在哪儿？他会不会说汉语？

雅克想买什么？

那件白衬衫多少钱？那件红的呢？

他买红衬衫还是白衬衫？为什么？

雅克还想买什么？那条裤子怎么样？

跟读。

学生分配角色读。

表演：买衣服。

(2) 学习课文（二）：

听录音，理解内容。

提问：他们在哪儿？

他们点了什么菜？（说明一下"点菜"的意思）

跟读。

学生分配角色读。

表演：在饭店点菜。

4. 语法教学。

(1) 动词的重叠。比较：

看　　看一下　　看（一）看

认识　　认识一下　　认识认识

用示例说明重叠与不重叠的区别，突出缓和语气的功能。① 微笑着对一个学生说：我想看一下你的词典。我想看看你的词典。② 板起脸，用命令口气对学生说：我要看你的词典！

(2) 名词或代词作定语，表示领属。如：

我家　　我朋友　　你同学　　他爸爸　　她妈妈

我们家　　我们学校　　我们公司

我的地图　　你的衬衫　　公司的名字　　这个饭店的菜

讨论：什么时候可以不用"的"？

教师总结：人称代词单数加表示人际关系的名词（以及"家"），可不用"的"，除非表示强调。人称代词复数加上表示机构单位的名词（以及"家"），可不用"的"，除非强调领属关系。

(3) 形容词或形容词短语作定语。如：

大饭店　　好朋友　　红衬衫

比较大的饭店　　非常好的朋友　　很红的衬衫　　好吃的菜

便宜的东西

讨论：什么时候用"的"，什么时候可以不用？

教师总结：形容词作定语时，一般要有"的"，如：好吃的菜，漂亮的地方。如果这个形容词（往往是单音节的）跟名词构成比较凝固的结构，在本族人的语言心理上似乎只是一个词，则可以不用"的"，如：好人、大饭店、红衬衫。但是，如果这个形容词又受到某个副词的修饰，那就必须用"的"，如：非常好的人，比较大的饭店，很红的衬衫。

5. 做练习。

▶ **教学参考**

1. 本课只讲了领属性定语和形容词及形容词短语作定语，其他形式的定语留待以后再讲。

利用以前学过的"V.＋一下"导入动词重叠，学生容易接受。尽管严格地说，两者并不总是等价的。

2. 动词重叠式如果用于过去的行为，中间一般要有"了"，表示短时少量。如：

他刚才过来看了看，问了问我们的情况。

如果用于经常发生的行为，则带有"轻松"口气。如：

退休以后，每天看看报，下下棋，日子过得很轻松。

如果不是轻松口气，就不能用重叠式。如：

我每天下班以后又要洗衣服，又要做饭，忙死了！

3. 单音节形容词作定语，一般不用"的"，这时，形容词和名词的搭配往往是常见的，对于本族人来说，相当于一个词。

4. 句调对字调并不是完全没有影响，比较：

这是汤？Zhè shì tāng?   这是汤。Zhè shì tāng.

这是糖？Zhè shì táng?   这是糖。Zhè shì táng.

这是酒？Zhè shì jiǔ?   这是酒。Zhè shì jiǔ.

这是菜？Zhè shì cài?   这是菜。Zhè shì cài.

《练习册》听力练习书面材料

Ⅲ 1. A: 你会说汉语吗？

B: 我会说一点儿。

Parle-t-il très bien chinois?

2. A: 这件衬衫多少钱？

B: 一百五十块。

Combien coûte la chemise?

3. A: 您要哪件？红的还是白的？

B: 白的。

Laquelle veut-il?

4. A: 您来点儿什么？

B: 一个糖醋鱼，一个酸辣汤，一碗米饭。

Où sont-ils?

5. A: 这个饭店的菜真贵！

B: 那当然。这是我们这儿最好的饭店。他们的菜非常好吃。

Pourquoi les plats sont-ils si chers dans ce restaurant?

6. A: 我喜欢去大商店买东西。你呢？

B: 我喜欢去小商店买东西。

A: 为什么？

B: 小商店卖的东西很便宜，大商店卖的东西比较贵。

A: 可是，大商店卖的东西非常漂亮。

Quel endroit préfèrent-ils pour faire des courses? Pourquoi?

7. A: 今天的菜怎么样？

B: 糖醋鱼太甜了。

C: 酸辣汤太辣了。

D: 牛肉太老了。

E: 价钱太贵了！

Est-ce qu'ils sont satisfaits de leur repas?

《练习册》练习答案

II 2　(1) 和　　(2) 也　　(3) 还

II 3　(参考答案)　(1) 好吃　(2) 大　　(3) 贵
　　　　　　　　(4) 有意思　(5) 红　　(6) 辣　酸

II 4　(1) 我会说一点儿汉语。

(2) 我能不能试一试？/我可不可以试一试？

(3) 先生，您要什么？

(4) 这个菜很好吃。

(5) 我喜欢在小商店买东西。/我喜欢去小商店买东西。

(6) 那儿/那里有一个非常大的商店。

《汉字本》练习答案

一、 百 (bǎi)　白 (bái)　　子 (zǐ)　　了 (le)
　　 木 (mù)　本 (běn)　　米 (mǐ)　　来 (lái)
　　 牛 (niú)　生 (shēng)　西 (xī)　　四 (sì)
　　 点 (diǎn)　店 (diàn)　买 (mǎi)　卖 (mài)

二、 便　宜　东　最　肉　等　钱

三、 （口字旁儿） 吃　喝　吗　呢　哪　吧　叫
　　 （金字旁儿） 钱
　　 （食字旁儿） 饭
　　 （绞丝旁儿） 红　给
　　 （竹字头儿） 等　笔
　　 （单人旁儿） 件　便　作

四、 肉（牛肉）　　　　宜（便宜）
　　 东（东西）　　　　姐（小姐、姐姐）
　　 店（饭店、商店）　先（先生）
　　 衣（衣服）

五、 你要买什么东西？
　　 我想吃牛肉和米饭。
　　 太贵了！有没有便宜一点儿的？

第六课

Dì-liù kè Leçon six

▶ 教学目标

掌握本课词语。

学习语言点：星期名称，时刻表达法，状语。

学习表示安排、打算、邀请、约会，打电话的一般方式。

了解中国的历法、节日，常见称呼方式。

▶ 教学重点

1. 词语重点：跟……一起　什么时候　见面　有事儿　有空儿。
2. 语法重点：状语。

▶ 教学步骤

1. 听写上一课内容。

（1）写拼音：

Nǐmen mài shénme?

Wǒ xiǎng mǎi yí jiàn yīfu.

Yào bu yào lái diǎnr niúròu?

（2）写汉字：

能不能试一试？

这条比较便宜，也比较漂亮。

请等一下。

2. 词语教学。

（1）词语认读。

（2）词语例释：

星期：
  一个星期　　两个星期　　这个星期　　上个星期　　下个星期
  星期一　　　星期二　……　星期六　　星期日 / 星期天
  今天星期几？/ 昨天星期几？/ 明天星期几？

空儿：
  我今天晚上有空儿。

事儿：
  我今天晚上很忙，我有很多事儿。
  你有什么事儿？

时候：
  现在什么时候？
  你什么时候有空儿？
  我们什么时候见面？

几点（钟）：
  现在几点（钟）？
  现在十一点半/ 十一点一刻/ 十一点二十分/ 十一点差五分。
  你们几点上课？
  你晚上几点钟休息？

打算：动词或名词。如：
  你明天打算干什么？
  你明天有什么打算？

约会：名词或动词。如：
  有一个约会 / 跟朋友约会

见面："见面"不能带宾语，得说"跟……见面"。如：
  今天晚上我要跟一个朋友见面。
  我们明天晚上见面。

跟：
  昨天他跟很多朋友在饭店吃饭。

一起：
  我们一起去吧！

跟……一起：
　　他明天跟同学一起去打球。

接：跟"见面"不同。
　　我朋友明天来，我去机场接他。
　　明天晚上你在家里等我，我七点半开车来接你，我们一起去看电影。

位：量词，用于指人，带敬意。
　　一位老师 / 一位朋友

3. 课文教学。
(1) 学习课文（一）：
听录音，理解内容。
提问：明天星期几？
　　　江山明天打算干什么？
　　　王英明天白天有什么打算？她晚上要干什么？
　　　白小红想去干什么？
　　　马力打算干什么？
　　　王英为什么不跟白小红一起去打球？
跟读。
学生分配角色读。
表演：假定明天是星期六，一起交流各人的打算。
(2) 学习课文（二）：
听录音，理解内容。
提问：谁给白小红打电话？
　　　他为什么给白小红打电话？
　　　他想什么时候请白小红喝咖啡？
　　　今天晚上白小红有空吗？
　　　他们明天晚上几点钟见面？在哪儿见面？
跟读。
学生分配角色读。

表演： 打电话，请朋友一起去喝咖啡，商定见面的时间和地点。

4. 语法教学。

（1）表示时间的句子，常常不用动词"是"，但也可以用。如：

今天星期五。

现在三点半。

（2）关于"请某人做某事"。

翻译：Il m'invite à dîner ce soir.

La serveuse nous demande d'attendre un moment.

注意这里的"demander"不能翻译成"问"，而要说成"请"。

（3）状语。

通过句子的扩展练习状语的用法。如：

我们　　　　上课。

我们　　　　明天上课。

我们　　　　明天上午九点上课。

我们　　　　明天上午九点在3021教室上课。（根据真实情况调整）

指导学生在动词前面加上状语：

那两本词典　是老师的。

（那两本词典大概是老师的。/那两本词典都是老师的。/

那两本词典也是老师的。/那两本词典不是老师的。）

我　　去打球。

（我明天上午跟朋友一起去打球。）

他　　喝咖啡。

（他昨天晚上在我家里跟我一起喝咖啡。）

最后，教师提醒学生想一想这几个句子法语是怎么说的，注意一下汉语和法语在语序上的差别。

5. 做练习。

LE CHINOIS CONTEMPORAIN

▶ 教学参考

1. 考虑到容量有限，关于年、月、日的表达法放到下一课。考虑到这里教时点，还没教时段，所以只出生词"时候"（"什么时候"），没有出"时间"（"多长时间"），如果需要，教师可作补充。

关于状语的位置，在前面几课已经打下基础，这一课宜从激活认知图式入手，趁热打铁，加以强化。

2. 有几个词语在教学上需要注意：

（1）"接"。不同于法语的 chercher，它往往表示去某个地方迎接某人，然后带上对方一起前往一个确定的地点。如"去机场接人"、"去幼儿园接孩子回家"。如果只是表示两人约好在某个地方见面，不用"接"。

（2）"见面"。不能说"见面某人"，要说"跟某人见面"。

（3）"请"。"请/ 叫/ 让 + N. + V."是典型的兼语句，这种现象在第三课已经提到。"让"的用法也在第三课里出了。但是学生往往把"demander à qqn. de faire qqch."说成"问……"，这是母语负迁移的结果，需要注意。

3. "这个星期三"、"上个星期三"、"下个星期三"

"这个星期三"是指这个星期的星期三，"这个"可以不说。"下个星期三"是指下个星期的星期三。"上个星期三"是指上个星期的星期三。跟法语的说法不完全相同。另外，传统习惯上把星期天看作一个星期的最后一天。例如：

（假定今天是 8 月 8 号，星期二。）

A: 你这个星期天有空儿吗？（8 月 13 号）

B: 没有空儿，下个星期天有空儿。（8 月 20 号）

4. 表示处所的介词短语作状语，也可以在句首，但是有条件：这时状语本身不是句子信息的焦点。比较：

（1）A: 在北京你做什么工作？

B: 在北京我是一个中学教师。

(2) A: *在哪儿你工作？

B: *在北京我工作。

后一个对话中，地点是谈论的焦点，就不能放在句首，只能在主语之后。

5. "点"和"点钟"。如果后面有"……分"，则只说"点"，如：三点二十分。否则，"点"和"点钟"都可以说，如"现在三点（钟）"。

6. "差五分八点"和"八点差五分"意思一样，北方常常用前者，南方常常用后者。

《练习册》听力练习书面材料

Ⅲ 1. A: 请问，现在几点？
  B: 现在四点三刻。
  Quelle heure est-il?

2. A: 今天晚上有空吗？
  B: 今天晚上我有一个约会。
  Qu'est-ce qu'il va faire ce soir?

3. A: 明天星期天，你也不休息？
  B: 我没有星期天。
  Qu'est-ce qu'il veut dire?

4. A: 你明天在家吗？
  B: 我明天要去打工。
  Qu'est-ce qu'il va faire demain?

5. A: 你打算去打球还是去打工？

   B: 我不去打球，也不去打工，就在家里看电视。

   Qu'est-ce qu'il va faire demain ?

6. A: 你明天晚上有空吗？我请你喝咖啡。

   B: 对不起，明天晚上我有个朋友要来看我。

   A: 那么，后天呢？

   B: 后天我要去看我爸爸妈妈。

   A: 那么，大后天行不行？

   B: 我跟男朋友有约会。真对不起。

   A: 那……没关系。再见！

   Est-ce que la fille accepte l'invitation du garçon ?

7. A: 明天晚上我请你吃饭。

   B: 在哪儿？

   A: 在长城饭店。

   B: 几点？

   A: 六点半，怎么样？

   B: 太早了。七点钟，行吗？

   A: 行，那就七点吧。

   B: 好，一言为定！明天晚上七点我在长城饭店等你。

   Où et quand vont-ils se rencontrer ?

《练习册》练习答案

II 2　(1) 你下午有空儿吗？/ 下午你有空儿吗？

　　(2) 我明天晚上去看你。/ 明天晚上我去看你。

　　(3) 我明天在家里休息。/ 明天我在家里休息。

　　(4) 我们晚上九点在咖啡馆见面。/ 晚上九点我们在咖啡馆见面。

(5) 我想请他去打球。

II 3 (1) 打 (2) 休息 (3) 看 (4) 做 (5) 喝

II 5 (1) 你明天上午（打算）干/做什么？
(2) 我今天很忙。
(3) 我明天下午两点半在家里等你。
(4) 他请我今天晚上跟他一起吃饭。/ 今天晚上他请我跟他一起吃饭。

《汉字本》练习答案

一、 红（hóng） 约（yuē） 来（lái） 半（bàn）
今（jīn） 会（huì） 午（wǔ） 牛（niú）
姓（xìng） 星（xīng） 很（hěn） 跟（gēn）

二、（竖心旁儿）忙
（王字旁儿）现 球 玩
（足字旁儿）跟
（日字旁儿）时 明 晚
（单人旁儿）休 做 候 位 作 件 便

三、 休（休息） 期（星期、学期）
起（一起） 面（见面、里面）
再（再见） 关（关系）
现（现在） 早（早上）

四、今天星期几？
我们什么时候见面？
对不起，我今天很忙，不能跟你一起去打球。

第七课
Dì-qī kè Leçon sept

▶ 教学目标

掌握本课词语。

学习语法：年、月、日表达法，趋向动词，形容词重叠。

学习表示担心和安慰，叙述位移行为，描述人物相貌。

了解中国的学制。

▶ 教学重点

1. 词语重点：以前 以后 或者 有点儿 别 每 刚 再。
2. 语法重点：趋向动词。

▶ 教学步骤

1. 听写上一课内容。

（1）写拼音：

　　Jīntiān xīngqī jǐ?

　　Nǐ xǐhuan dǎ shénme qiú?

　　Míngtiān wǎnshang yǒu kòngr ma?

（2）写汉字：

　　我们什么时候见面？

　　今天我很忙，我不休息。

　　我请你吃饭，怎么样？

2. 词语教学。

（1）词语认读。

（2）词语例释：

年、月、日/号：
　　今天几号？
　　二〇〇三年九月二十七号。
"号"是口语风格，"日"是书面语风格。
放假：
　　今天公司放假。
　　今天我们放假。
　　我们什么时候放假？
旅行：
　　你想去哪儿旅行？
以前、以后：可以单用，也可以放在其他词语之后。如：
　　以前，我不会说汉语。
　　我七点钟以前回来。
　　来这儿以前，他在北京工作。
　　以后，我想去北京工作。
　　我七点钟以后回来。
　　来这儿以后，他在我们大学学习。
　　放假以后你有什么打算？
或者：跟"还是"不同。"还是"用于疑问句，"或者"用于陈述句。比较：
　　你打算今天去还是明天去？
　　我打算今天去或者明天去。
回、回来：如果带有宾语，不能说"回来X"，得说"回X（来）"。比较：
　　你什么时候回来？
　　你什么时候回学校？
有点儿：跟"一点儿"不同。"一点儿"用于名词前，表示数量；"有点儿"用于形容词前（有时在动词前），表示程度。如：
　　我有点儿担心。
　　他今天有点儿不高兴。

这件衣服有点儿小。

别：相当于法语 "ne pas faire qqch, stp." 里的 ne pas faire。如：

那个地方没意思，你别去。

别干了，休息休息吧。

穿 / 戴：

穿衣服 / 穿裤子 / 戴眼镜

眼镜：

一副眼镜

找：可以是 chercher 的意思，也可以是问对方想要见谁。

你找什么？

你找谁？

每：

每个人 / 每本书 / 每天 / 每年 / 每个月

用"每"的句子常常有"都"呼应。如：

每个人都戴眼镜。

他每天都来。

刚：

他刚出去。

他刚回来。

再：用于将来的行为。

我明天再来。

我过一会儿再来。

请再说一遍。

3. 课文教学。

(1) 学习课文（一）：

听录音，理解内容。

提问：江山他们什么时候放假？

放假以后江山有什么打算？

他什么时候去？一个人去吗？

什么时候回来？

为什么丁汉生让江山别担心？

跟读。

学生分配角色读。

表演：谈谈假期安排。

(2) 学习课文（二）：

听录音，理解内容。

提问：雅克想找谁？

王欢在不在办公室？

王欢什么样儿？

跟读。

学生分配角色读。

表演：一位同学描述班里某人的相貌、衣着、习惯等，让别人猜他/她是谁。

4. 语法教学。

(1) 形容词的重叠。例如：

她瘦瘦的，高高的，头发长长的。

这里形容词为什么要重叠？表示什么意思？

—— 表示程度加深，带有描写意味。

(2) 趋向动词：

	进	出	上	下	过	回
来	进来	出来	上来	下来	过来	回来
去	进去	出去	上去	下去	过去	回去

相应的法语表达方式，顺序刚好相反。如：

进来———entrer

进去———aller (à)

5. 做练习。

▶ **教学参考**

1. "进来"、"进去"等,有的学者把它们看作动补短语,"进"是动词,"来/去"是补语。本教材把它们都作为单词处理,把中间插入处所词语的情况作为一种特例。

双音节形容词重叠,课文中没有用例,以后随着学习内容的深化,可再作补充。本册关于形容词重叠的教学内容不必超过课文里的容量。

2. 形容词重叠式前面不能用"很"、"非常"、"有点儿"、"不"等。所以,我们不能说:

(1) *他喜欢吃很甜甜的月饼。

(2) *他喜欢吃不甜甜的月饼。

而应该说:

(3) 他喜欢吃甜甜的月饼。

(4) 他喜欢吃很甜的月饼。

(5) 他喜欢吃不甜的月饼。

(6) 他不喜欢吃甜甜的月饼。

3. "还是"作连词时跟"或者"一样,都可以表示选择关系,都可以用在"无论"、"不论"、"不管"的后面,表示包括所有的情况。例如:

无论刮风或者(还是)下雨,旅行的计划不变。

不管你同意还是(或者)不同意,我都要去。

一般来说,"或者"用在陈述句中表示选择,"还是"用在疑问句中表示选择。例如:

(1) A:你喝茶还是喝咖啡?

　　B:茶或者咖啡都可以。

(2) A:你星期六还是星期天去北京?

　　B:星期六或者星期天去都可以。

(3) 教你们口语课的是王老师还是（*或者）张老师？

(4) 我想买点儿苹果或者（*还是）橘子。

"还是"用在陈述句中表示选择的结果不能确定，一般的格式是：[是] A 还是 B。例如：

(5) 我不知道他到底 [是] 去北京还是去西安。

(6) 我不清楚这个字 [是] 读 "jin" 还是读 "jing"。

(7) 我想买台电视机，[是] 买进口的还是买国产的，现在还没决定。

例句(5)、(6)、(7)都不可以用"或者"。

4. "一点儿"和"有点儿"。

(1) "有点儿"+ V. / Adj.

① 东西有点儿贵。

② 房间有点儿脏。

③ 他今天有点儿不高兴。

④ 他有点儿喜欢上她了。

(2) Adj.+ "（一）点儿"

⑤ 这件比那件贵一点儿。

⑥ 房间脏了一点儿。

⑦ 请说得慢一点儿。

(3) V.+ "（一）点儿"（+ N.）

⑧ 桌子上有（一）点儿水。

⑨ 他今天买了（一）点儿菜。

⑩ 随便吃（一）点儿吧。

注意："东西有点儿贵"和"桌上有点儿水"不一样。"有点儿贵"是："有点儿+贵"，"有点儿"是副词，表示程度。"有点儿水"是："有+（一）点儿水"，"有"是动词，"（一）点儿水"是动词的宾语。

另外，在表示强调的时候，用"一点儿……也……"。例如：

一点儿也不贵　　一点儿水也没有

一点儿也不脏　　一点儿菜也没买

"有点儿"表示程度不高，一般只用在不愉快、不喜欢的事情上。例如：

(1) 她今天有点儿不高兴。
(2) 这儿的东西有点儿贵。
(3) 这个房间有点儿脏。
(4) 汽车上有点儿挤。
(5) 我家离学校有点儿远。

不过，如果句子里有"变化"的意思，那么，不管是好事还是坏事都可以用"有点儿"。例如：

(6) 小伙子开始有点儿喜欢她了。
(7) 小伙子开始有点儿讨厌她了。

5. 如果是已经发生的事情，用"又"；如果是还没有发生的事情，就用"再"。如：

(1) 这部电影我以前看过，昨天又去看了一遍。
(2) 这部电影我以前看过，明天我想再去看一遍。
(3) 他昨天说过一遍，刚才又说了一遍。
(4) 对不起，我没听清楚，请您再说一遍。

注意：因为"又"用于已经发生的事情，所以"又"往往跟"了"一起用；"再"用于还没有发生的事情，所以没有表示实现、完成意义的"了"。

不过，有时候，事情还没有发生，但是已经决定了，或者按照规律一定是这样的，可以说"又／是／要／该……了"。这时，"又"后面有"要"或"该"，句子最后有"了"。如：

(5) 假期快要结束了，又要开学了。
(6) 他刚从日本回来，明天又要去俄罗斯了。

有时，"再"不表示重复，而表示推迟做某件事。如：

(7) 今天别去了，明天再去吧。

《练习册》听力练习书面材料

Ⅲ 1. A: 王老师在吗？

B: 他刚出去，你过一会儿再来吧。

Qu'est-ce qu'il a dit?

2. A: 王老师在吗？

B: 我是王老师。您有什么事儿？

A: 可是，我要找的王老师是个女的。

Est-ce que l'homme est bien la personne que la femme veut rencontrer?

3. A: 你打算什么时候去旅行？

B: 五月下旬或者六月上旬。

Quand part-il voyager?

4. A: 小王，快下来，我们打球去。

B: 我不想去。你上来吧，我们一起看电视。

Où bavardent-ils les deux personnes?

5. A: 那是什么字？

B: 在哪儿？

A: 在那儿。那个小字。你认识吗？

B: 不知道。我没戴眼镜。

Pourquoi la personne n'arrive-t-elle pas à lire le caractère?

6. A: 12月25号是圣诞节。在中国圣诞节放假吗？

B: 外国学生放假，中国学生不放假。

Est-ce que les étudiants chinois sont en vacances à Noël?

7. A: 你想不想去中国？
   B: 我很想去，可是，我担心……
   A: 你担心什么？
   B: 那儿的人说不说英语？
   De quoi l'homme s'inquiète-il?

《练习册》练习答案

II 2 (1) 穿　　(2) 穿　　(3) 戴　　(4) 还是　　(5) 或者
(6) 回　　(7) 回去　(8) 回来　(9) 一点儿　(10) 一点儿
(11) 有点儿　(12) 有点儿　　(13) 不　　(14) 别

II 3 (1) 高高的　长长的　　(2) 酸酸的　辣辣的

II 4 (1) 你进来！　(2) 你上来！　(3) 你过来！

II 5 (1) 我过一会儿再来。
(2) 他刚出去。
(3) 我下个月四号以前回来。
(4) 那儿的老师都是女的。

《汉字本》练习答案

一、 这 (zhè)　　还 (hái)　　过 (guò)
　　 头 (tóu)　　买 (mǎi)　　卖 (mài)
　　 我 (wǒ)　　找 (zhǎo)　　放 (fàng)　　旅 (lǚ)
　　 刚 (gāng)　　别 (bié)　　眼 (yǎn)　　跟 (gēn)
　　 者 (zhě)　　都 (dōu)　　长 (cháng)　　张 (zhāng)

二、发 旅 每 年 穿

三、（目字旁儿） 眼
　　（提手旁儿） 找 担 打 接
　　（走之儿） 过 进 还 这 道
　　（心字底儿） 您 怎 意 思 想 息

四、帮（帮助）　　　　头（头发）
　　以（可以、以后、以前）
　　心（担心、放心、小心、真心、好心、心意、点心）
　　或（或者）　　　　放（放假、放心）
　　担（担心）　　　　旅（旅行）

五、今天几月几号？
　　你别担心，我可以帮助你。
　　他刚出去，你过一会儿再来吧。

第八课
Dì-bā kè Leçon huit

▶ **教学目标**

掌握本课词语。

学习语法：方位、方向、存在的表达法。

学习问路。

了解中国的交通情况。

▶ **教学重点**

1. 词语重点：离　往　怎么　就　从　到。

2. 语法重点：方位词和处所词语。

▶ **教学步骤**

1. 听写上一课内容。

（1）写拼音：

Tā dài yí fù yǎnjìng, chuān yí jiàn hóng chènshān.

Fàngjià yǐhòu nǐ dǎsuan gàn shénme?

Nǐ xiǎng bu xiǎng gēn wǒ yìqǐ qù lǚxíng?

（2）写汉字：

你找哪位王老师？

她高高的，头发长长的。

你别担心，我可以帮助你。

2. 词语教学。

（1）词语认读。

（2）词语例释：

Leçon huit 第八课

离：用于表示空间或时间上的距离。如：
  我家离学校很远。
  汽车站离这儿远不远？
  今天离放假还有几天？
  现在离下课还有五分钟。

马路：
  一条马路

客气：指热情、有礼貌、谦让。
  他非常客气。
  别说客气话。
  你太客气了！
  吃吧，别客气。

往：
  往前走 / 往左拐 / 往右拐

怎么：
  怎么做 / 怎么走 / 怎么写 / 怎么说

就：意思和用法比较复杂。这里表示强调。如：
  谁是××？——我就是。
  你家在哪儿？——你看，我家就在前面。

从：
  你从哪儿来？

到：
  你到哪儿去？（＝你去哪儿？）
  你几点到学校？
  ××到了，请下车。

从……到……：
  从我家到学校不太远。（比较：我家离学校不太远。）
  从星期一到星期五我们都上课。

车：
  汽车 / 公共汽车 / 五十五路公共汽车

出租汽车
自行车
火车
坐汽车（坐车） 开汽车（开车）
上车 下车

自行车：
骑自行车 （骑车）

地铁：
坐地铁

站：
车站
坐几站

3. 课文教学。
(1) 学习课文（一）：
听录音，理解内容。
提问：江山想去哪儿？
　　　中国银行离这儿远不远？
　　　怎么去中国银行？
　　　银行旁边有没有邮局？
跟读。
学生分配角色读。
表演：根据课文内容画一幅简图，然后看图表演：问路。
(2) 学习课文（二）：
听录音，理解内容。
提问：江山和张园园现在在哪儿？他们想去哪儿？
　　　他们认识不认识路？
　　　他们怎么去？
学生分配角色读。
表演：根据课文内容画一幅简图，然后看图表演：问路。

4. 语法教学。

(1) 方位词：

　　　　前　　后　　左　　右　　上　　下　　里　　外　……
　　　　前面　后面　左面　右面　上面　下面　里面　外面　……
　　　　前边　后边　左边　右边　上边　下边　里边　外边　……
　　　　附近　旁边　……

复合方位词由名词或代词加上方位词构成。

　　　　　　P. / N. + 方位词

如：

　　　　　　前面　　　　　　　　　　旁边
　　　　我（的）前面　　　　　　我（的）旁边
　　　　银行（的）前面　　　　　银行（的）旁边

练习：

　　××（学生名字）在哪儿？X在Y的前面/后面/左面/右面。

　　老师在哪儿？

　　(在教室里。/在教室前面。/在教室后面。/在教室外面。)

　　课本在哪儿？包在哪儿？

　　(课本在包里，包在桌子上。课本在包下面。课本在包旁边。)

用"里"和"上"的时候，常常不用说"面/边"。

(2) "在"字句和"有"字句：

　　人/东西 + 在 + 地方

　　如：词典在桌子上。

　　地方 + 有 + 人/东西

　　如：桌子上有一本词典。

练习：

　　学校里有书店吗？

　　学校附近有饭店吗？

　　桌子上有词典吗？

　　你的包里有钱吗？

　　教室外面有人吗？

句式变换：

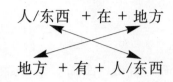

人/东西 ＋ 在 ＋ 地方

地方 ＋ 有 ＋ 人/东西

教师用"在"字句说一遍，让学生改成"有"字句。然后再反过来。提醒学生用"有"字句时，宾语前一般需要数量词语；用"在"字句时，主语是确定的，没有数量词语。

银行在邮局旁边。　　邮局旁边有一个银行。

学校在我家前面。　　我家前面有一个学校。

词典在桌子上。　　　桌子上有一本词典。

地图在墙上。　　　　墙上有一张地图。（"墙" qiáng mur）

▶ 教学参考

1. 为了控制词汇量，不致过重增加学习负担，本课没有把方位词出全，其他词语将在第二册出。只要掌握了用法，以后学习其他方位词就容易了。

处所词语教学的重点是：防止学生把"桌子上面"说成"上面桌子"。

2. 与"有"字句相关的，还有一种"是"字句，如"桌上是一本书"。比较：

(1) 桌上有一本书。

(2) 桌上是一本书。

(1)和(2)都是对的，但意思有点儿不一样。

第一，(1)的意思很简单，就是 Il y a un livre sur la table 的意思。(2)的意思比较复杂：a. 桌子上有东西；b. 这东西是一本书。所以，我们可以说：桌子上有东西。但不能说：桌子上是东西。我们可以问：桌子上有东西吗？但不能问：桌子上是东西吗？要说：桌子上是什么东西？

第二，(1)、(2)的否定式分别是：

(3) 桌上没有书。

(4) 桌上不是一本书。

说（3）的时候，桌上可能有别的东西，也可能什么也没有。但说（4）的时候，桌上一定有别的东西：

(5) 桌上不是一本书，是一本词典。

第三，说"桌上有一本书"不一定只有一本书，我们可以说：

(6) 桌上有一本书，还有一本词典。

但是，说"桌上是一本书"，那么，桌上只有一本书。我们不能说：

(7) *桌上是一本书，还是一本词典。

第四，"是"后面的宾语可以是确定的，也可以是不确定的。但"有"后面的宾语一般都是不确定的。所以：

(8) 对面是<u>一个中学</u>。（不确定）

(9) 对面是<u>鲁迅中学</u>。（确定）

(10) 对面有<u>一个中学</u>。（不确定）

(11) *对面有<u>鲁迅中学</u>。（确定）

(11)的"鲁迅中学"是一个中学的名字，不能作"有"的宾语。

不过，我们可以说：

(12) 对面有一个鲁迅中学。

有了"一个"，句子就对了。还有，把几个名字放在一起说，句子也是对的，如：

(13) 对面有鲁迅中学、中山公园、朝阳商场。

(14) 坐在前面的有马新、田园和王沪生。

3. 介绍方位的时候，有三种可能的说法。如：

    A. 我家在郊区，一条河在我家前面，一个小山在我家后面，一个学校在我家东面，一个……

    B. 我家在郊区，河在我家前面，小山在我家后面，学校在我家东面，……

    C. 我家在郊区，前面有一条河，后面有一个小山，东面有一个学校，……

这时，我们不能说A或B，应该说C。因为：

(1) 放在动词前面的词语应该是确定的，这里"一条河"、"一个小山"、"一个学校"……都是不确定的,不能放在句子前面。所以,A是不对的。

(2) 在说一个句子时,我们总是先说大家都已经知道的东西,然后再说新的内容、新的信息。

旧信息——→新信息

这里"河"、"山"、"学校"都是对方不知道的东西,是新信息,应该放在句子的后面。所以不能说 B。

(3) 这一段话是介绍"我家",所以"我家"是这段话的话题。话题应该放在句子的前面。所以,应该说:"我家……我家前面……我家后面……我家东面……",后面几个小句的"我家"可以省略,这样,就成了:"我家……前面……后面……东面……"。

4. "怎么"和"怎么样"。

"怎么样"一般是问性状的,也可以问方式。如:

你最近身体怎么样?

你们是怎么样找到他的?

"怎么"一般是问方式或原因。如:

这个字怎么写?

你怎么也来了?

"怎么"也可以用来问性状,作谓语,但是包含奇怪、惊讶的口气,后面带"了"("啦")。如:

你怎么了?哪儿不舒服?

"怎么"、"怎么样"问性状时,可以作定语,常常有"一 + 量词"。如:

他是怎么/怎么样一个人?

5. 注意:"坐汽车去"和"去坐汽车"是不同的。前者表示"去"的方式是"坐汽车",后者表示"去"的目的是"坐汽车"。

<u>方式 + V.</u>　　　　<u>V. + 目的</u>

如:　你怎么去市中心?　　我坐公共汽车去。

　　　你去市中心干什么?　　我去市中心买东西。

所以，法语 aller en bus 汉语应该说"坐汽车去"，不是"去坐汽车"。

《练习册》听力练习书面材料

Ⅲ 1. A: 你家离学校远不远？
   B: 不太远。
   Est-ce loin de chez lui l'école？

2. A: 你开车去还是坐公共汽车去？
   B: 我骑自行车去。
   Par quel moyen va-t-il y aller？

3. A: 请问，去市中心怎么走？
   B: 你可以坐地铁去。
   Où va-t-il？

4. A: 现在我们往左拐还是往右拐？
   B: 我们看看地图吧。
   De quoi parlent-ils？

5. A: 学校门口有地铁站吗？
   B: 没有地铁站，只有公共汽车站。
   Y a-t-il une station de métro à l'entrée de l'université？

6. A: 请问，去中国银行怎么走？
   B: 向右拐，过两条马路，就是中国银行。
   Entourez l'endroit où se trouve la Banque de la Chine.

7. A: 请问，从这儿去火车站怎么走？

   B: 你先在马路对面坐15路公共汽车，坐四站，然后换3号地铁，往市中心方向的，坐两站，就到了。

   Tracez la route pour aller à la gare.

《练习册》练习答案

II 2　(1) 怎么　　(2) 怎么　　(3) 怎么样　(4) 什么
　　 (5) 什么　　(6) 怎么样　(7) 怎么　　(8) 离
　　 (9) 从　　　(10) 从　　　(11) 离　　　(12) 有
　　 (13) 有　　 (14) 在　　　(15) 在　　　(16) 有

II 3　江山在上面，马力在下面。
　　 江山在前面，马力在后面。
　　 学生在教室里面，老师在教师外面。

II 4　王英家左面有一个银行，后面有一个学校，右面有一个商店，前面有一个邮局。

II 5　(1) 附近有邮局吗？
　　 (2) 我家前面有一个书店。
　　 (3) 地铁站离汽车站不远。
　　 (4) 往前走，往右拐，过一条马路，有一个银行。
　　 (5) 我骑自行车去。

《汉字本》练习答案

一、艮：很 跟 银 眼

方：放　旅　旁
马：吗　妈　码　骑
京：就
走：起

二、东 (dōng)　　车 (chē)
　　么 (me)　　　公 (gōng)
　　气 (qì)　　　汽 (qì)
　　白 (bái)　　　自 (zì)　　　百 (bǎi)
　　左 (zuǒ)　　　右 (yòu)　　在 (zài)

三、到　就　诉　市　旁　站

四、告　（告诉）　　　　　　　自　（自行车）
　　气　（客气、天气、生气）　汽　（汽车）
　　旁　（旁边）　　　　　　　外　（外面、外国、外语）

五、我们学校旁边有一个银行。
　　你坐公共汽车去还是骑自行车去？
　　他告诉我，前面就是汽车站。

附录一 试 卷

汉语读写试卷（A）

I. Complétez la phrase avec au bon caractère: 24%

(1) 请坐，请喝_____。
  A. 饭　　　　　　B. 茶　　　　　　C. 菜

(2) 这_____词典怎么样？
  A. 支　　　　　　B. 张　　　　　　C. 本

(3) _____这儿到地铁站怎么走？
  A. 离　　　　　　B. 从　　　　　　C. 在

(4) 他喜欢_____红衣服。
  A. 穿　　　　　　B. 戴　　　　　　C. 打

(5) 我明天打算去打球，_____在家里看电视。
  A. 还是　　　　　B. 和　　　　　　C. 或者

(6) 邮局旁边_____一个银行。
  A. 有　　　　　　B. 在　　　　　　C. 到

(7) "bureau" 汉语_____说？
  A. 怎么　　　　　B. 什么　　　　　C. 哪儿

(8) 这条裤子非常_____。
  A. 便宜　　　　　B. 好吃　　　　　C. 可爱

II. Sélectionnez la phrase qui est grammaticale: 15%

(1) a. 这本书是有用。
  b. 这本书很有用。

c. 这本书不有用。

(2) a. 他在英国东方大学学习。
b. 他学习在东方大学英国。
c. 他学习在英国东方大学。

(3) a. 我家后面有一个学校。
b. 后面我家有一个学校。
c. 一个学校在我家后面。

(4) a. 以前去中国旅行请你给我打一个电话。
b. 去中国旅行以前请你给我打一个电话。
c. 请你给我打一个电话以前去中国旅行。

(5) a. 不都我们会说法语。
b. 都我们不会说法语。
c. 我们都不会说法语。

III. Construisez les phrases avec les mots suivants dans l'ordre: 16%

(1) 我 喝 咖啡 想 请 你

(2) 七点半 明天晚上 我 等 你 在 家里

(3) 你 认识 个 人 吗 这

(4) 他 我 是 最 好 朋友 的

IV. Compréhension: 16%

　　我在公司工作，每天都非常忙。今天公司放假，我和几位朋友打算一起去外地旅行，我们坐汽车去。我吃了早饭，在家里看了一会儿书。然后，我看了一下钟，现在是九点半。我去汽车站。汽车十点钟开。我家离汽车站很近，走过去只要十分钟。到汽车站以后，我在那儿等我的朋友们。等了半天，他们一个都不来。我打电话到他们家，他们家里都没人。我有点儿担心了。我看了一下汽车站里的钟——天哪！现在是十一点！我明白了：今天我放假，我家的钟也想休息休息。

Vrai ou faux:

（　）从我家到汽车站比较远。

（　）我家没有钟，我不知道现在什么时候。

（　）我到汽车站以后，我的朋友们也来了。

（　）我十点以后到汽车站。

V. Complétez la phrase avec les caractères chinois appropriés: 14%

张老师：

　　您好！我来中国两个月了。现在，我的汉语一天比一天好，因＿＿我有很多中国朋友，他们可以帮＿＿我。我们在一起玩儿。他们给我发英文e-mail，我给他们回中文＿＿子邮件。

　　这儿人非常多，车也非常多。大学附＿＿有很多商店、饭店。商店比较漂＿＿，东＿＿不太贵，饭菜很好吃。我在这儿很＿＿兴。

学生 马力
2002. 8. 4.

VI. Thème: 15%

(1) Cette carte est très utile.

(2) Voulez-vous le rouge ou le blanc?

(3) Il va venir ici demain après-midi à deux heures.

汉语听说试卷(A)

I. Compréhension: 30 %

1. A. 3427981   B. 3247891   C. 3517861
2. A. 114   B. 740   C. 140
3. A. 饭店   B. 教室   C. 邮局
4. A. 不在   B. 刚回来   C. 不出去
5. A. 跟朋友见面   B. 做功课   C. 去打工
6. A. 汉法词典   B. 法汉词典   C. 汉法词典和法汉词典
7. A. 坐地铁，然后换 127 路公共汽车。
   B. 坐 127 路公共汽车，然后换地铁。
   C. 坐 217 路公共汽车，然后换地铁。
8. (1) A. 王英和张可   B. 小马和丁先生   C. 王英和丁先生
   (2) A. 有空   B. 没有空   C. 他现在不知道
   (3) A. 6：30   B. 5：00   C. 7：30

II. Lisez les phrases suivantes: 10%

(1) 江山和张三，一起去爬山。

Jiāng Shān hé Zhāng Sān, yìqǐ qù pá shān.

(2) 我们骑自行车去。

Wǒmen qí zìxíngchē qù.

（3）他只会打篮球，不会踢足球。
　　Tā zhǐ huì dǎ lánqiú, bú huì tī zú qiú.

III. Conversation: 60%

Sujets:

问路　点菜　找人　谈打算　借东西　买东西　打电话　约会

汉语读写试卷(A) 答案

I (1) B (2) C (3) B (4) A (5) C (6) A (7) A (8) A

II (1) b (2) a (3) a (4) b (5) c

III (1) 我想请你喝咖啡。
(2) 我明天晚上七点半在家里等你。
(3) 你认识这个人吗?
(4) 他是我最好的朋友。

IV × × × √

V 为 助 电 近 亮 西 高

VI (1) 这张地图非常有用。
(2) 你要红的还是白的?
(3) 他明天下午两点(钟)来(这儿)。

汉语听说试卷 (A) 教师用卷

I. Compréhension: 30 %

1. A. 你的电话号码是多少?
   B. 我的电话号码是3247891。
   问：他的电话号码是多少?
   A. 3427981   B. 3247891   C. 3517861

2. A. 这件衬衫多少钱?

   B. 一百四十块。

   问：这件衬衫多少钱?

   A. 114　　B. 740　　C. 140

3. A. 来点儿什么?

   B. 一个青椒牛肉,一个酸辣汤。

   问：他们在哪儿?

   A. 饭店　　B. 教室　　C. 邮局

4. A. 请问,王老师在家吗?

   B. 哦,他刚出去。

   问：王老师在不在家?

   A. 不在　　　　B. 刚回来　　　　C. 不出去

5. A. 今天晚上有空儿吗?

   B. 今天晚上我有一个约会。

   问：今天晚上她要做什么?

   A. 跟朋友见面　　　　B. 做功课　　　　C. 去打工

6. A: 你有词典吗?

   B: 有,你要汉法词典还是法汉词典?

   A: 汉法词典。

   B: 给。

   问：男的给女的什么?

   A. 汉法词典　　　　B. 法汉词典　　　　C. 汉法词典和法汉词典

7. A: 请问,从这儿去市中心怎么走?

   B: 坐127路公共汽车,然后换地铁。

   A: 车站在哪儿?

B: 就在前面。

问：去市中心怎么走？

A. 坐地铁，然后换 127 路公共汽车。

B. 坐 127 路公共汽车，然后换地铁。

C. 坐 217 路公共汽车，然后换地铁。

8. A: 你好！

B: 你好！

A: 晚上有空儿吗？

B: 有空。什么事儿？

A: 我想请你吃饭。

B: 太好了！在哪儿？

A: 龙山饭店。

B: 几点？

A: 晚上五点，行吗？

B: 太早了。晚上六点半，怎么样？

A: 行，晚上六点半，在龙山饭店见。

B: 好，晚上见！—— 对不起，你是小马吗？

A: 什么小马！你不知道我是谁？我是王英啊！

B: 王英？不认识。

A: 什么？你不是张可吗？

B: 我不姓张。我姓丁。

问：(1) 打电话的两个人是谁？

    A. 王英和张可   B. 小马和丁先生   C. 王英和丁先生

(2) 男的今天晚上有空吗？

    A. 有空   B. 没有空   C. 他现在不知道

(3) 女的说几点钟请男的吃饭？

    A. 6：30   B. 5：00   C. 7：30

II. Lisez les phrases suivantes: 10%

(1) 江山和张三，一起去爬山。
Jiāng Shān hé Zhāng Sān, yìqǐ qù pá shān.

(2) 我们骑自行车去。
Wǒmen qí zìxíngchē qù.

(3) 他只会打篮球，不会踢足球。
Tā zhǐ huì dǎ lánqiú, bú huì tī zú qiú.

III. Conversation: 60%

选择下面的话题之一与老师谈话，或学生分组谈话。

话题（抽签选定）：

问路 点菜 找人 谈打算 借东西 买东西 打电话 约会

汉语读写试卷(B)

I. Complétez la phrase avec un bon caractère: 24%

(1) 晚上老师_____我们一起吃饭。
    A. 跟　　　　B. 给　　　　C. 从

(2) 这_____衣服怎么样？
    A. 件　　　　B. 条　　　　C. 副

(3) 我们打算_____自行车去。
    A. 打　　　　B. 坐　　　　C. 骑

(4) 他爸爸是汉语老师，他妈妈_____是汉语老师。
    A. 和　　　　B. 还　　　　C. 也

(5) 你大概什么_____回来？
    A. 地方　　　B. 时候　　　C. 汽车

(6) 这个饭店的菜很_____。
    A. 好吃　　　B. 客气　　　C. 高兴

(7) 我_____试一试吗？
    A. 想　　　　B. 可以　　　C. 会

(8) 那本词典是_____的？
    A. 什么　　　B. 怎么　　　C. 谁

II. Sélectionnez la phrase qui est grammaticale: 15%

(1) a. 今天我很忙。
    b. 今天我忙。
    c. 今天我是忙。

(2) a. 他在北京进出口公司工作。
    b. 他工作在北京进出口公司。

c. 他工作在进出口公司北京。

(3) a. 汽车站在旁边地铁站。
b. 汽车站有地铁站旁边。
c. 汽车站在地铁站旁边。

(4) a. 以后放假我想去旅行。
b. 放假以后我想去旅行。
c. 我想去旅行以后放假。

(5) a. 他是也公司老板。
b. 他是公司老板也。
c. 他也是公司老板。

III. Construisez les phrases avec les mots suivants dans l'ordre: 16％

(1) 九点　明天上午　我　一个　约会　有

(2) 我　学习　汉语　去　你们学校　想

(3) 你　知道　吗　他　名字　的

(4) 他　有　女　漂亮　非常　的　个　一　朋友

IV. Compréhension: 16%

　　我家前面有一个商店,那个商店里的东西都很贵,商店的老板姓钱,他很有钱。他说,他卖的东西比较贵,因为都是进口的:大米是进口的,鱼、肉都是进口的。可是,我们都知道,他卖的东西都不是进口的。我们问老板:你为什么不说真话?老板说:"我说得不对吗?你们知道不知道'进'的意思?知道不知道'口'的意思?"我们说:"当然知道。'进'是entrer,'口'是bouche。"老板说:"对啊!那么,吃的东西是不是都要进口?"哦,是这个意思!现在,我们知道了:可以吃的,就是进口的。—— 这是钱老板的词典里"进口"的意思。

Vrai ou faux:

(　　) 钱老板卖的东西不便宜。
(　　) 钱老板的东西不是进口的。
(　　) 钱老板的话很对。
(　　) 钱老板不知道"进口"的意思。

V. Complétez la phrase avec les caractères chinois appropriés: 14%

江山:

　　你好!我朋友明天到美国,我想请你去接她一下,不知道行不行?我朋友姓王,____王欢,是一位小姐。她高高的,瘦瘦的,____发长长的,大概二十四五____,戴一副____镜。她会说一____儿英语。

　　她的航班是CA909,明天上午十点二十____到。

　　你明天有空吗?能不能去接她?请告____我。谢谢你!

　　　　　　　　　　　　　　　　　　　　田万里
　　　　　　　　　　　　　　　　　　　　2002. 5. 10.

VI. Thème: 15%

(1) Puis-je entrer?

(2) Ce livre est très cher.

(3) Je vais t'attendre à l'entrée de l'école demain soir à huit heures.

汉语听说试卷(B)

I. Compréhension: 30 %

1. A. 2157648   B. 2517458   C. 2167548
2. A. 14   B. 40   C. 44
3. A. 旅行   B. 学习   C. 工作
4. A. 我家左面   B. 我家右面   C. 我家后面
5. A. 10 : 15   B. 8 : 30   C. 8 : 15
6. A. 喝咖啡   B. 做功课   C. 看电视
7. A. 往左   B. 往右   C. 往前
8. (1) A. 饭店   B. 家里   C. 学校

   (2) A. 男的很喜欢饭店的名字。
        B. 男的不认识汉字。
        C. 男的喜欢喝汤。

   (3) A. 一个   B. 两个   C. 三个

II. Lisez les phrases suivantes: 10%

(1) 你上午去还是下午去？
     Nǐ shàngwǔ qù háishi xiàwǔ qù?

(2) 他不请我坐，我就走。
     Tā bù qǐng wǒ zuò, wǒ jiù zǒu.

(3) 我想他明天不会回来的。
　　 Wǒ xiǎng tā míngtiān bú huì huílai de.

III. Conversation: 60%
Sujets:

问路　点菜　找人　谈打算　借东西　买东西　打电话　约会

汉语读写试卷(B) 答案

I (1) A (2) A (3) C (4) C (5) B (6) A (7) B (8) C

II (1) a (2) a (3) c (4) b (5) c

III (1) 我明天上午九点有一个约会。
(2) 我想去你们学校学习汉语。
(3) 你知道他的名字吗?
(4) 他有一个非常漂亮的女朋友。

IIV √ √ × ×

V 叫 头 岁 眼 点 分 诉

VI (1) 我可以进来吗?
(2) 那本书非常贵。
(3) 明天晚上八点我在学校门口等你。

汉语听说试卷(B) 教师用卷

I. Compréhension: 30%

1. A: 你的电话号码是多少?
  B: 我的电话号码是 2167548。
  问: 他的电话号码是多少?

  A. 2157648   B. 2517458   C. 2167548

2. A: 这支笔多少钱?
   B: 十四块。
   问:这支笔多少钱?
   A. 14   B. 40   C. 44

3. A: 你下个月要去北京?
   B: 是的。我们在北京有一个分公司,老板让我去那儿工作,因为我会说一点儿汉语。
   问:他去北京干什么?
   A. 旅行   B. 学习   C. 工作

4. A: 你家附近有银行或者邮局吗?
   B: 有。我家左面有一个邮局,右面有一个银行。
   问:邮局在哪儿?
   A. 我家左面   B. 我家右面   C. 我家后面

5. A: 你几点上课?
   B: 八点半。你呢?
   A: 十点一刻。
   问:男的几点上课?
   A. 10:15   B. 8:30   C. 8:15

6. A: 晚上有事儿吗?
   B: 没有事儿。
   A: 去喝咖啡怎么样?
   B: 可是,今天晚上的电视很有意思。
   问:男的晚上有什么打算?
   A. 喝咖啡   B. 做功课   C. 看电视

7. A: 现在往左拐还是往右拐?

B：往左拐，然后往右拐，然后再往左拐，就到了。

问：他们现在怎么走？

A. 往左　　　　　　B. 往右　　　　　　C. 往前

8. A：先生想来点儿什么？

B：让我看一看菜单。呃……我要这个。

A：哦，您要一个汤。好的。您还要什么？

B：我还要这个。

A：哦。您还要一个汤。好的。您还要什么？

B：我还要这个。

A：对不起，这个不能吃。

B：不能吃？为什么？

A：这是我们饭店的名字。

问：（1）他们在哪儿？

　　A. 饭店　　　　　　B. 家里　　　　　　C. 学校

（2）从这段对话我们知道什么？

　　A. 男的很喜欢饭店的名字。

　　B. 男的不认识汉字。

　　C. 男的喜欢喝汤。

（3）男的要了几个汤？

　　A. 一个　　　　　　B. 两个　　　　　　C. 三个

II. Lisez les phrases suivantes: 10%

（1）你上午去还是下午去？

　　　Nǐ shàngwǔ qù háishi xiàwǔ qù?

(2) 他不请我坐,我就走。
　　　Tā bù qǐng wǒ zuò, wǒ jiù zǒu.

(3) 我想他明天不会回来的。
　　　Wǒ xiǎng tā míngtiān bú huì huílai de.

III. Conversation: 60%

选择下面的话题之一与老师谈话,或学生分组谈话。

话题（抽签选定）：

问路　点菜　找人　谈打算　借东西　买东西　打电话　约会

附录二 教 案

0.入门　0.2教案

▶ **总教学时间**
3课时。

会 话

▶ **教学时间**
15～25分钟。

▶ **教学目标**
学会最基本的打招呼的方式，询问对方姓名和国籍。营造汉语气氛，给予学生成就感。

▶ **教学步骤**
1. 用汉语互相致问候：你好！
   板书：Nǐ hǎo！ Nín hǎo！
   用法语对"你好"和"您好"稍做解释。
   再向某一两个学生说："你好！"示意学生回答："您好！"
2. 让学生一边看课本上的对话及解释，一边听录音。
3. 跟读（或领读）。
4. 与学生逐个对话："你好！""你叫什么名字？""你是哪国人？"
   （根据现场问答情况，可以补充"也"、"不"，如："我也是加拿大人。""我不是加拿大人。"）

5. 板书教师自己的名字。示意学生向老师提问:"您好!您贵姓?""您叫什么名字?""您是哪国人?"教师分别作答。

6. 学生分组练习。

导入课堂用语

在课间休息时,用中文说:"现在休息一下。"并板书:Xiànzài xiūxi yíxià. 用法语解释。

课间休息结束后,教师用中文说:"现在继续上课。"板书:Xiànzài jìxù shàng kè. 用法语解释。

在下课前一分钟,板书:Shàng kè. Xià kè. 用法语解释。领读。

最后,用中文宣布:"好,现在下课!"

在以后上课时坚持使用这些汉语课堂用语。

语 音

▶ **教学时间**

教语音:25～35分钟。

语音练习:50分钟左右。

▶ **教学目标**

1.掌握汉语拼音中的韵母 a o e i u ü;声母 b p m f d t n l。

2.能在听觉上基本分辨四声。

▶ **教学重点**

1. yu (ü)、e 的发音。

对于 yu (ü),可强调圆唇动作,甚至可以让学生撮圆嘴唇吹气来寻找感觉。

对于e,要提醒学生不要发成[e]。

2. 如果班里有日本、韩国学生，b和p，d和t，f和h也可能是难点。对于日本学生，wu（u）是难点。

3. 声调是最大的难点。

▶ **教学途径**

1. 从音节入手进行教学。

2. 首先使学生能在听觉上分辨不同的发音，然后模仿。

3. 适当结合意义，避免单调感。

▶ **教学步骤**

1. 韵母教学。板书音节：a o e yi wu yu，领读。对e和yu的发音作简单说明。个别读。

2. 声母教学。在第二行板书b，然后在a的下面板书ba，领读（第一声），然后在o的下面板书bo，等等。一般来说，此时学生会自己拼读出来。

其他声母和韵母的拼读教学同上。

个别读。如果有学生对某个音感到困难，可给他做听音练习。如：

A	B
ba	pa
bo	po

....

教师念其中的一个，让学生判断听到的是A还是B。但是不宜让某一个学生长时间反复练习，以免损伤其积极性和自信心。

3. 声调教学。

板书：mā má mǎ mà。教师分别念出四个声调，一边念，一边打手势。然后说明这四个音节的意义，从而强调声调的重要性。

板书：

A	B	C	D
bā	bá	bǎ	bà

....

教师念其中的某个音，让学生判断是 A，B，C 还是 D。

领读。

让学生读。

4. 利用黑板上的声母、韵母配合表。在表中选择一些音节标上声调，领读，并把该音节的意义告诉学生。如：

  pà avoir peur de pá grimper pí peau bù non mǐ riz tā il, elle

  lù rue tǔ sol, terre nǐ tu wǔ cinq wù brouillard yú poisson

  yǔ pluie ...

5. 做练习。

汉 字

▶ **教学时间**

50 分钟左右。

▶ **教学目标**

1. 掌握本课九种基本的汉字笔画。
2. 学习按照正确的笔画、笔顺书写"一～十"十个数字。
3. 了解汉字的有关知识。

▶ **教学途径**

1. 先识字，再写字。
2. 从模仿入手，边看边听边写边说。
3. 培养良好书写习惯。
4. 适当介绍汉字知识。

▶ **教学步骤**

1. 说明本课教学内容。简单介绍有关汉字知识。教学生念：Hànzì，xiě Hànzì。

2. 教 1—10 的读法。一边领读一边做手势。一起读。让学生看教师的手势，说出数字。

3. 板书：一……十（注音）

领读。

让学生一起读。

让学生个别读。

擦掉拼音，让学生快速读出。

打乱顺序（或出示卡片），让学生快速反应。

4. 跟写。

写笔画"横"，学生跟写。然后写汉字"一"、"二"、"三"。学生跟写，一边写一边说："héng,héng,héng……"教师巡视。

写笔画"横折"、"撇"、"竖弯"，学生跟写。然后写汉字"四"，学生跟写，一边写一边说："shù,héngzhé,piě,shùwān,héng。"教师巡视。

余同。

5. 请几个学生到黑板上来写，注意笔画和笔顺是否正确。

6. 自己练习（或作为作业）：练习汉字"一～十"。下次汉字课听写。

第一课 教案（甲）

（按 4 课时设计）

▶ **总教学时间**

4课时。

▶ **教学目标**

掌握本课词语。

学习语言点："不"的变调，疑问句。

学习询问姓名、国籍、说什么语言及其回答。

了解中国人的姓名特点，"汉语"、"中文"、"普通话"的含义。

▶ **教学重点**

1. 词语重点：不 也 都 只。

2. 语法重点：疑问句什么时候用"吗"，什么时候不用"吗"。

▶ **教学步骤**

1. 第一课时

（1）板书词语：好 你 您 我 他 她 老师 同学 们

标注拼音。领读词语。然后把"们"分别与"你、我、他、……同学"组合起来（其中"您"不能与"们"组合）。领读。

擦掉拼音，让学生看着汉字个别读。

（2）板书词语：贵姓 叫 什么 名字 呢

标注拼音，领读。擦掉拼音后再读。

对话：您贵姓？（换一个人）您呢？（再换一个人）您呢？

你叫什么名字？（换一个人）你呢？（再换一个人）你呢？

他叫什么名字？ 你叫他什么？

（3）板书词语：是 哪国人 吗 不 也 都

标注拼音，领读。擦掉拼音后再读。

对话：你是哪国人？ （再问一个同一个国家的人）你呢？ 提示他用"也"回答。再问一个同一个国家的人"你呢"，看他是否能用"也"。问了几个人以后，教师若有所悟地说：哦，你们都是……人。（重复两遍）

再问一个不同国家的人：你也是……吗？ 提示他回答：我不是……。

板书他的回答。在"不"上标上第二声。解释：在第四声前"不"改读第二声。领读两遍。再提问其他学生，看看他们回答时能不能正确地使用"不是……"。必要时纠正"不"的发音。

最后，醒目地板书：不／也／都 + V.

（4）板书词语：说 英语 法语 汉语 还是 只

标注拼音，领读。擦掉拼音后让学生读。

对话：你说英语吗？ 你呢？ 你说法语吗？ 你呢？

你们说汉语吗？……

你说英语还是法语？ 你说汉语还是英语？……

学生可能回答：我说英语，也说法语。／我不说法语，只说英语。／……

让一个学生回答完老师的问题后，重复老师的问题，再问下一个学生，如此不断延续。

（5）全体朗读课本上的生词。

（6）课外作业：按照《汉字本》的要求，书写汉字（米字格里写）。

2. 第二课时

（1）打招呼：同学们好！（学生回答：老师好！／××老师好！）

（2）复习。让学生看课本的词语表，用手覆盖拼音部分，朗读生词。

师生问答：

你姓什么？（故意换一种问姓的方式，加深学生对"什么"用法的理解）

你叫什么？ 你呢？ 他呢？

你是……人吗？（故意用一个与答案不一致的说法，如问一个美国人："你是加拿大人吗？"看他"不"的位置与声调是否正确。）你呢？ 她呢？

他们呢？引导学生说出"也是……，不是……，都是……，都不是……"。

  你姓……吗？ 你叫……吗？ 他呢？

  你说英语吗？你说法语吗？ 他们呢？

  你说英语还是法语？他呢？

（3）板书：白小红 王英 （注音）

简单介绍一下情景。

听课文（一）的录音。

提问：白小红是哪国人？

    王英是哪国人？

再听一遍。

板书：您是不是加拿大人？

问学生：这句话是什么意思？

板书：您是不是加拿大人？＝您是加拿大人吗？

口头说明：也可说：您是加拿大人不是加拿大人？／您是加拿大人不是？

红笔板书：X不X……？ ……吗？

口头练习。把"……吗？"变换成"X不X……？"。

教师说一句，学生变换一句，一般只说一遍。

  他姓王吗？

  他是中国人吗？

  他是老师吗？

  他说汉语吗？

  他学习汉语吗？

再听录音。每听一句后，按暂停键，让学生重复。

打开书，领读课文。

学生分配角色读。

表演。不看书，分别扮演角色，表演：初次认识。

3. 第三课时

（1）复习。用"X不X"格式提问某个学生，再让该学生问下一个学生。

附录二 教案

(2) 板书：张林 江山 马力 王英（注音）

听课文（二）录音。

提问：老师叫什么名字？学生叫什么名字？
　　　江山说英语还是法语？马力呢？王英呢？老师呢？

再听录音。请学生重复。

看课本，领读。分读。

(3) 提问（法语）：

汉语的疑问句的顺序是怎么样的？跟陈述句一样不一样？

看下面的几个句子，讨论：什么时候要用"吗"，什么时候不能用"吗"。

　　他说汉语吗？

　　他说不说汉语？

　　他叫什么名字？

　　他说汉语还是英语？

结论：陈述句后加"吗"，就成了疑问句，它是一个 question à réponse par oui ou par non。"X 不 X" 格式的问句，带疑问词的问句，用"还是"的问句，均不用"吗"。

4. 第四课时

请学生读一遍生词和课文。

做《练习册》中的练习 I，II1，III，IV1，2。

课外作业：《练习册》中的练习 II6，V，VI。
　　　　　复习，下一次课听写句子。
　　　　　预习第二课。

第一课 教案（乙）

（按6课时设计）

▶ **总教学时间**

6课时。

▶ **教学目标**

掌握本课词语。

学习语言点："不"的变调，疑问句。

学习询问姓名、国籍、说什么语言及其回答。

了解中国人的姓名特点，"汉语"、"中文"、"普通话"的含义。

▶ **教学重点**

1. 词语重点：不 也 都 只。

2. 语法重点：疑问句什么时候用"吗"，什么时候不用"吗"。

▶ **教学步骤**

1. 第一课时：词语教学

（1）板书词语：好 你 您 我 他 她 老师 同学 们

标注拼音。领读词语。然后把"们"分别与"你、我、他……同学"组合起来（其中"您"不能与"们"组合）领读。

擦掉拼音，让学生看着汉字个别读。

（2）板书词语：贵姓 叫 什么 名字 呢

标注拼音，领读。擦掉拼音后再读。

对话：您贵姓？（换一个人）您呢？（再换一个人）您呢？

你叫什么名字？（换一个人）你呢？（再换一个人）你呢？

他叫什么名字？ 你叫他什么？

(3) 板书词语：是 哪国人 华裔 吗 不 也 都

标注拼音，领读。擦掉拼音后再读。

对话：你是哪国人？ （再问一个同一个国家的人）你呢？ 提示他用"也"回答。再问一个同一个国家的人"你呢"，看他是否能用"也"。问了几个人以后，教师若有所悟地说：哦，你们都是……人。（重复两遍）

再问一个不同国家的人：你也是……吗？ 提示他回答：我不是……。

板书他的回答。在"不"上标上第二声，解释：在第四声前"不"改读第二声。领读两遍。再提问其他学生，看看他们能不能正确地使用"不是……"。必要时纠正"不"的发音。

最后，醒目地板书：不 / 也/ 都 + V.

对话：你是不是华裔？他呢？

(4) 板书词语：说 英语 法语 汉语 英文 法文 中文 普通话 还是

只标注拼音，领读。擦掉拼音后读。

对话：你说英语吗？ 你呢？ 你说法语吗？ 你呢？

你们说汉语吗？……

你说英语还是法语？ 你说汉语还是英语？……

学生可能回答：我说英语，也说法语。/ 我不说法语，只说英语。/ 我不说普通话，我说广东话。……

让一个学生回答完老师的问题后，重复老师的问题，再问下一个学生，如此不断延续。

(5) 全体朗读课本上的生词。

2. 第二课时：汉字和语法教学

(1) 打招呼：同学们好！（学生回答：老师好！/ ××老师好！）

复习。让学生看课本的词语表，用手覆盖拼音部分，朗读生词。

(2) 汉字教学。

A. 出示汉字卡片（或板书汉字），认读汉字。如：

这是什么字？

"姓"。

什么"姓"?

"贵姓"的"姓"。

教师对汉字的意思略作解释。(见《汉字本》)

B. 汉字书写教学。着重对下列汉字的笔顺、笔画加以示范、强调:

您 姓 是 呢 我 老 也 都 还

请几位学生上来在黑板上书写。

(3) 语法教学。

A. 板书:

我是加拿大人。(根据学生情况调整国名)

说明:汉语陈述句跟法语一样也是"S-V-O"语序。

提问:这句话的否定形式是什么?

板书:

我不是加拿大人。(根据学生情况调整国名)

说明:否定时,"不"在动词前面。

B. 提问:这句话的疑问形式是什么?

板书:

你是加拿大人吗?(根据学生情况调整国名)

提问:汉语的疑问句的顺序是怎么样的?跟陈述句一样不一样?

C. 板书:

您是不是加拿大人?

提问:这是什么意思?

板书:您是不是加拿大人? = 您是加拿大人吗?

说明:也可以说:您是加拿大人不是加拿大人? / 您是加拿大人不是?

板书:……吗?   X 不 X……?

口头练习。把"……吗?"变换成"X 不 X……?"。

教师说一句,学生变换一句,一般只说一遍。如:

他姓王吗?⇒他姓不姓王?

他是中国人吗?

他是老师吗？

他说汉语吗？

他学习汉语吗？

D. 提问：怎么说 Quelle est votre nationalité？ Comment vous appelez-vous？

　　板书：

　　　你是哪国人？

　　　你叫什么名字？

　　说明："哪"、"什么"都是疑问词。这是用疑问词的问句。

E. 提问：怎么说 Parlez-vous anglais ou français？

　　板书：

　　　你说英语还是法语？

　　板书：X 还是 Y？

F. 讨论：什么时候要用"吗"，什么时候不能用"吗"。

结论：陈述句后加"吗"，就成了疑问句，它是一个 question à réponse par oui ou par non。"X 不 X"格式的问句，带疑问词的问句，用"还是"的问句，均不用"吗"。

G. 提问：什么时候用"呢"？

　　举例：（老师说）我叫……，你呢？

　　学生回答：我叫……。

　　说明："……呢"是依赖于上文的省略式疑问句。

(4) 课外作业：按照《汉字本》的要求，书写汉字（写在米字格里）。

3. 第三课时：课文教学

(1) 打招呼：同学们好！（学生回答：老师好！／××老师好！）

复习。让学生看课本的词语表，用手覆盖拼音部分，朗读生词。

师生问答：

你姓什么？（故意换一种问姓的方式，加深学生对"什么"用法的理解）

你叫什么名字？　你呢？　他呢？

你是……人吗？（故意用一个与答案不一致的说法，如问一个美国人"你是加拿大人吗？"，看他"不"的位置与声调是否正确。）你呢？ 她呢？ 他们呢？ 引导学生说出"也是……，不是……，都是……，都不是……"。

你姓……吗？ 你叫……吗？ 他呢？

你说英语吗？ 你说法语吗？ 他们呢？

你说英语还是法语？他呢？

（2）板书：白小红　王英　（注音）

简单介绍一下情景。

听课文（一）的录音。

提问：白小红是哪国人？

　　　王英是哪国人？

再听一遍。

再听录音。每听一句后，按暂停键，让学生重复。

打开书，领读课文。

学生分配角色读。

（3）表演。不看书，分别扮演角色，表演：初次认识。

4. 第四课时：课文教学

（1）板书：张林　江山　马力　王英（注音）

听课文（二）录音。

提问：老师叫什么名字？学生叫什么名字？

　　　江山说英语还是法语？马力呢？王英呢？老师呢？

再听录音。请学生重复。

看课本，领读。分读。

提问（法语）：马力为什么会把张老师的姓搞错了？

　　　（介绍中国人的姓名特点）

　　　张老师真的只会说汉语吗？他为什么这么说？

　　　（启发学生在课上尽量说汉语）

5. 第五课时：练习

请学生读一遍生词和课文。正音。

做《练习册》中的练习 I, II。

6. 第六课时：练习

做《练习册》中的练习 III, IV, V。

做《汉字本》中的练习 I, II, III, IV, VI。

布置作业：《练习册》中的练习 VI,《汉字本》中的练习 V。

复习课文，下一次课听写句子。

预习第二课。